主编简介：

　　徐朝霞，北京智泉万花筒儿童教育研究院院长，美国阿肯色州立科技大学硕士研究生，蒙特梭利教育双向交流访问学者。

1997 年　创办万花筒儿童教育研究机构。

1997 年　代表大陆组团赴台参加"海峡两岸蒙特梭利研讨会"。

1998 年　与北京东润翻斗乐合作创立中国首家"亲子园"，并设计了亲子园的基本教育内容和教学方法。

1999 年　与中国音协合作，首家将"奥尔夫音乐"引进学前教育领域。

2000 年　与台湾著名蒙特梭利专家刘冷琴教授合作，在中国大陆独家开设蒙特梭利教育高级师资培训班。

2001 年　与葡萄牙东方基金会在中国推广蒙特梭利教育。与国内众多教育专家与台湾、意大利、美国等国家和地区的教育界人士创办"万花筒儿童潜能拓展训练营"。

2002 年独家将"亲子园"的理论、教学思路、经营管理教案在国内向社会公开推广，大大降低了创办"亲子园"的门槛，帮助更多的婴幼儿受到良好的早期教育。

2002 年与美国东北蒙特梭利中心联合举办"美国蒙特梭利教育－AMS"国际高级师资培训班。

2002 年　作为合作者，举办了蒙特梭利博士的亲授学生、美国国际教育家凯兰诗女士来华进行的学术交流讲座，完善了"万花筒儿童潜能拓展训练营"理念和经营方法。

2002 年在中国蒙特梭利教育的发展历程中，独家建立了从"教育思想、教育方法到教具操作"的全新"万花筒蒙特梭利教育体系"，使中国的蒙特梭利教育进入了一个全新的阶段。

2003 年　研究创建了"儿童智力发展运动训练"教育体系。

2003 年　发明了"万花筒儿童奥林匹克启蒙数学"的理论方法和教具。

2003 年　提出"真实生活"教育思想和方法，为二十一世纪的孩子进行成功教育。

　　曾多次做客中央电视台一套"半边天"、七套"走进家庭的蒙特梭利教育"、九套"中国学前教育"、十套"百家讲坛"、"关注早期教育"等节目，并主持了相关专题。其幼教理念及事迹在《妈咪宝贝》、《中国妇女报》、《中国青年报》、《中国教育报学前教育专刊》等报刊杂志的专题栏目中均有相关报道。

国际一流幼教理念

蒙特梭利
家庭教育实用方案
Montessori
1~3岁

Jiating Jiaoyu Shiyong Fang'an

徐朝霞 主编

中国宇航出版社
·北京·

图书在版编目(CIP)数据

蒙特梭利家庭教育实用方案.1~3岁/徐朝霞主编.
—北京:中国宇航出版社,2005.10
ISBN 978−80144−985−6

Ⅰ.蒙... Ⅱ.徐... Ⅲ.学前儿童−家庭教育
Ⅳ.G78

中国版本图书馆 CIP 数据核字(2005)第 087297 号

策划编辑	王 壮	封面设计	谭卫华
责任编辑	徐春梅	美术编辑	谭 颖

出 版
发 行　**中国宇航出版社**

社 址　北京市阜成路8号　　邮 编 100830
　　　　(010)68768548
网 址　www.caphbook.com/www.caphbook.com.cn
经 销　新华书店
发行部　(010)68371900　　　(010)88530478(传真)
　　　　(010)68768541　　　(010)68767294(传真)
零售店　读者服务部　　　　　北京宇航文苑
　　　　(010)68371105　　　(010)62529336
承 印　北京智力达印刷有限公司
版 次　2005 年 10 月第 1 版　　2009 年 1 月第 5 次印刷
规 格　889×1194　　　　　　开 本 1/24
印 张　6
书 号　ISBN 978−80144−985−6
定 价　15.00 元

序

　　亲爱的读者，当您拿起这本书时，我想，您一定是一位深爱着自己宝宝的爸爸或妈妈。

　　您了解蒙特梭利教育法吗？蒙氏教育法是由意大利医学女博士玛丽亚·蒙特梭利所创，并在二十世纪影响了整个世界的儿童教育方法，直到现在，仍在一百多个国家广泛传播并得到发展。

　　蒙特梭利充分研究了儿童，强调儿童是带着巨大的潜能降生的，然后会以力所能及的方式积极探索周围环境，吸收环境中的知识，建构自己的心理，逐步走向独立。因而，生命之初的几年是人生的最重要时期。

　　家庭教育是教育的起点，蒙氏教育的基本特色就是保障儿童的自由，为他们提供一个准备好的环境，因而，科学的蒙氏教育，不应仅限于在幼儿园和学校中应用，更应伴随儿童生命的开始在家庭中应用起来。

　　多年来，为了实现蒙氏教育在家庭中的充分运用，"北京智泉万花筒儿童教育研究院"一直对"蒙特梭利教育法在家庭中的应用与实践"这一研究课题进行着专业的研究与实践。"万花筒"是目前中国最具权威、规模最大的民营儿童教育研究、幼儿教师师资培训及幼儿教育直营机构，其创始人兼院长徐朝霞女士，为当今国内最著名的蒙氏教育和早期教育专家。徐朝霞女士一直致力于蒙氏教育在我国的普及，参与了多项蒙氏教育相关课题的合作研究与推广，培训了大量优秀的蒙氏教育师资。对于这个造福于千万个家庭的课题项目，徐女士给予了高度重视，亲自组织实践调研、资料搜集与书稿的编写等各项任务的实施与落实。

在整个课题研究过程中，"万花筒"始终坚持将蒙氏教育精华与中国的幼教实际相结合，将"从教育思想、教育方法，到教具操作"这一全新的"万花筒蒙特梭利教育体系"贯穿始终。他们为宝宝量身订做的每一个训练方案都经过了专家的审定，保障了方案的科学性；每一个训练方案都经过了"万花筒"旗下幼儿园的实际操作和检验，保障了方案的实用性；此外，在这里为您提供的每一个训练方案还有很强的针对性，根据宝宝的不同年龄段，《蒙特梭利家庭教育实用方案》分为1～3岁、3～4岁、4～5岁、5～6岁四个分册，分别从感觉系统训练、日常生活练习、语言能力培养、数学素质培养、科学能力培养等五个方面，为您和宝宝提供切实可行的指导，帮助宝宝真正从生活中、在其最自然的状态下获取知识，提高能力。在此，我们也特别感谢南京师范大学学前教育专业杨瑾若硕士等为编写本书提供的支持与帮助。

当这套集众人智慧于一身的《蒙特梭利家庭教育实用方案》丛书即将与广大读者见面的时候，我们的心中满是欣慰。能切实为年轻的父母们做些什么，是"爱嘉父母教室"和"万花筒"的共同追求。一切为了宝宝，为了宝宝的一切，让我们和广大家长朋友共同努力，让我们的宝宝健康成长，赢在起点！

我们的联系方式：010－68767774，88530010
aijia805@163.com
www.caphbook.com
www.baby1234567.net

爱嘉
2005年9月

目录
contents

徐老师课堂 /1

感觉系统训练 /001
- **训练说明 /002**
- **视觉训练 /003**

  藏猫猫
  认气球
  找光
  滚球
  彩色水游戏
- **听觉训练 /008**

  听音瓶
  猜猜他是谁
  我的听觉
  猜身体乐器
  找声音
- **触觉训练 /013**

  抓悬挂玩具
  摸球
  触觉板
  摸一摸

- **味觉训练 /017**

  认识糖和醋
  尝味游戏
- **嗅觉训练 /019**

  闻水果
- **宝宝能力发展参照表 /020**

日常生活练习 /021
- **训练说明 /022**
- **基本运动 /023**

  钻山洞
  保持正确的姿势
  玩球
  搬椅子
  塞溜溜球

挤海绵
一起搬小桌子
抓毛线球
捏贝壳
拧瓶盖
倒花豆
拧毛巾
揉面团

• **社会交往** /036

给妈妈开门
握手

• **关爱环境** /038

送积木回家
浇花
扫地练习

• **自理能力** /041

用勺子舀小米
折叠餐巾布
擤鼻涕
穿衣服
脱衣服
穿、脱鞋
洗手
给娃娃喂饭

• **宝宝能力发展参照表** /049

数学素质培养 /053

• **训练说明** /054

• **分类练习** /056

找朋友
寻宝贝
找出不一样的物品

• **排序练习** /059

排一排
按大小排序
串珠

• **比较练习** /062

大小套碗游戏
认识大小
多和少

• **计数练习** /065

一个和许多

数数 "1"、"2"
手指配对
开汽车
你一个，我一个
数小鸟

• **认识几何图形** /071

排列形状
帮图形回家

• **辨别方位** /073

认识前、后

• **认识时间** /074

认识晚上

• **宝宝能力发展参照表** /075

语言能力培养 /077

• **训练说明** /078

• **听一听** /079

给宝宝念儿歌
妈妈说，宝宝做
听听我是谁
猜猜我是谁
高高兴兴上幼儿园

• **学一学** /084

指认五官
拉大锯
神秘箱
我的用品
学习量词
做个好朋友
开火车
我的小手
奇妙的口袋

• **说一说** /093

小小传话员
应答歌
理解代词
自我介绍

我的一家人
奇妙的录音机
打电话

读读、写写 ∕100

宝宝学读书（1）
宝宝学读书（2）
找小狗
添画雨丝
画米粒

• **宝宝能力发展参照表 ∕105**

玩石头
下雨了
踩影子
种大蒜
玩冰块
冬天的呼吸
声音游戏
磁铁玩具

• **宝宝能力发展参照表 ∕121**

科学能力训练 ∕107

• **训练说明 ∕108**

• **科学能力 ∕109**

圆罐子和方罐子
玩泥土
夏天真热
看云

徐老师课堂

第一讲　蒙特梭利及蒙特梭利教育

1907 年，在意大利罗马的一个社区里，一名妇女创办了世界上第一所"儿童之家"，专门招收 6 周岁以下的儿童，这是一群生长在贫困落后家庭、缺乏照顾的孩子，然而，短短的几年时间，这些孩子的心智发生了极大的改变，都成为了聪明自信、有教养、活力尽射的儿童。这就是蒙特梭利及她的教育。

玛丽亚·蒙特梭利，是意大利历史上第一位医学女博士，也是 20 世纪享誉全球的幼儿教育家，她创造的蒙特梭利教育法因其独特性、可行性、科学性而风靡了整个西方世界，深刻地影响着世界各国，20 世纪是"儿童的世纪"，她则被认为是儿童世纪的代表。

蒙特梭利的突出贡献是她的儿童观及儿童教育方法。

蒙特梭利认为儿童具有与生俱来的"内在生命力"或称之为"内在潜力"，教育的任务是激发和促进儿童内在潜力的发现，使其按自身规律获得自然和自由的发展。儿童不是成人进行灌注的容器，也不是可以任意塑造的蜡或泥，在教育上要追随儿童的活动，尊重儿童成长的步调，在自由的活动中，帮助儿童学会独立思考、独立判断，促进其智力、精神、身体和个性的自然发展。

蒙特梭利认为儿童的教育不是以填鸭式的灌输知识为主，而是以活动为主，她将儿童的这种学习活动称之为"工作"。"工作"使儿童肌肉和肢体动作协调，手脑并用，同时获得实际知识和经验，获得身心的协调发展。早期教育的目的是通过活动或工

作培养儿童自发的学习欲望，要为他们提供一种适合儿童内在需要和兴趣的，能诱发儿童自发学习、活动的环境。

　　蒙特梭利非常重视早期儿童智力开发，提倡一种"不教的教育"，她主张由日常生活训练入手，配合良好的学习环境与丰富的日常生活用品，让儿童自发主动地学习，养成独立思考的习惯。

　　蒙特梭利教育是一套比较完整、实用的教育体系，从教育观到具体的教育方法，从智力发展、感觉训练到运动训练，从尊重自由到建立意志，从教具教材的使用到教育过程的安排，都有比较详尽的阐述。

第二讲　为什么要重视早期教育

　　中国有句俗话：0岁看3岁，3岁看7岁，7岁定终身。"生命中最重要的时期，并非是大学念书的阶段，而是人生的最早期——从出生到6岁。"这是蒙特梭利在其《吸收的心智》一书中的表述。由此，我们不难看出蒙特梭利对早期教育重要性的充分认识。

　　蒙特梭利强调儿童早期的环境经验对于以后发展的重要性，尤其对于儿童智力发展的重要意义。从0岁开始的早期教育，是儿童的智能开发和训练的最佳时期。蒙特梭利在观察和研究儿童各年龄阶段的感觉活动及其心理特征的过程中,发现儿童心理的发展存在"敏感期"。即,在某个发展阶段,儿童对某种事物和活动会表现出特别敏感或产生一种特殊兴趣和爱好,学习也特别容易和迅速,这个时期是教育的最佳时机,一旦错过这个时机,对儿童的教育往往就会事倍功半甚至劳而无功。而感知觉敏感期、语言敏感期、秩序敏感期、运动敏感期、细节敏感期、音乐敏感期、文字敏感期等都会在6岁前出现,甚至很多在0~3岁阶段就出现,所以成人要仔细观察儿童,抓住教育的最佳时期。

现代生理学、心理学、脑科学也证明:0~6岁是为一生奠定基础的关键期。美国心理学家布卢姆提出:与17岁所达到的普通智力水平相比较,从受孕到4岁,个人发展了其智能的50%;从4岁到8岁,则发展另外的30%……这说明智能的成长,在幼年早期的发展非常迅速,由此也就更加彰显了早期教育的重要性。

每位家长都希望自己的宝宝成才,但成才不是一蹴而就的,我们必须充分认识早教的重要性,改变传统的只重保育的观点,立即从现在做起,留心观察宝宝的实际生活及其表现,发现和把握宝宝在各个阶段出现的敏感期,采用科学早教法,及时进行引导、帮助和鼓励,为宝宝一生的发展奠定良好的基础。

第三讲　蒙氏家庭教育原则

近几年来,婴幼儿早期教育愈来愈成为社会投资和关注的

热点。但是，在面对众多的"科学育儿"信息时，很多家长也往往会无所适从，如何才是真正的"科学"育儿呢？建立在儿童心理世界和成长法则基础上的蒙特梭利教育方法和原则也许会给您一些启示。

一、有准备的环境

蒙特梭利认为儿童智能是在外界刺激的帮助下发展起来的，因此，必须提供适合儿童发展的"有准备的环境"，这个"有准备的环境"具备以下几个特点：

1. 有规律、有秩序的生活环境。

2. 能提供美观、实用且对幼儿有吸引力的生活设备和用具。

3. 能丰富幼儿的生活印象。

4. 可让幼儿独立地活动，自然地表现并意识到自己的力量。

5. 能引导幼儿形成一定的行为规范。

二、正向引导

家长不要轻率地使用"你真笨"、"这样做不对"、"你看看人家多聪敏，再看看你！"等指责性语词，这样容易使宝宝形成自卑感，如果经常遭遇这样的情况，宝宝就会越来越害怕做事、害怕自己作决定。为避免这样的不良情况，父母要善于对宝宝进行正向的引导与鼓励，尊重宝宝的劳动成果，多用正面的词句来鼓励宝宝，比如在对宝宝提要求时，可用"请你慢慢走"代替"不要跑"；用"请你将玩具放回原来的位置"代替"不要乱放"等。这样，久而久之，宝宝就可以建立起足够的自信。

三、重复练习

重复练习是婴幼儿重要的学习方式之一。2 岁的宝宝会缠着你一遍遍讲同一个故事，3 岁的宝宝会连续几个星期甚至几个月，一再用积木搭建成桥，然后拆掉再搭建。

当您看到宝宝连续几次甚至几十次地操作同样的材料或练习同一个动作时，请您千万不要"拔苗助长"，盲目干涉宝宝的学习进程，因为只有经过反复练习，宝宝才能发现某种物体的内涵，才能在理解的基础上建立自己对于物体的认识，进而发现物体所蕴含的教育意义。因此，成人应学会等待，学会观察，任何时候都不要急于给宝宝出示答案，而要多给宝宝自由探索的机会。

第四讲　1～3 岁宝宝的身心特点及教育

1～3 岁的宝宝正处于蒙特梭利所认为的"心理的胚胎期"，也就是说这个时期是宝宝心理的形成时期。和生理胚胎发展一样，宝宝心理的发展也经历着从无到有的过程，开始几乎是一无所有，经过吸取外界刺激和印象，积累材料，形成许多感受点，然后才产生心理活动。

处于心理胚胎期的宝宝对周围环境有一种强烈而又特别的灵敏性，很多事物都会引起他强烈的兴趣和热情，他会无意识地

去感受周围环境中各种事物的特点，获得大量的印象，从而形成心理、个性和行为模式。这种自发而又特殊的精神状态称为"吸收性心智"。成人要费60年功夫才能学习到的文化要素，这个时期的宝宝却能借"吸收性心智"，在短短的3年间完全吸收，而这种吸收完全是在无意识的状态下完成的，就如同成人学习外语须经过一个漫长而乏味的过程，而宝宝却不需要正式的教导和刻意的学习，就能在不知不觉中掌握复杂的语言。

　　这一时期的宝宝通过感知觉和动作探索环境，学会步行与语言，所以这个阶段最重要的事情是：1.尽量安排很多事物让宝宝去接触。您可以在家中用多样的感官训练材料，或在生活中随机引导宝宝运用五官，感受周围事物。不要斥责或禁止宝宝想要用手触摸事物的欲望，只要是不具危险性或不侵犯他人他物时，应尽可能满足宝宝的要求。2.宝宝周围的成人要尽量以优美的言语、丰富的表情去跟宝宝说话。3. 2岁左右的宝宝已经会走路，是最活泼好动的时期，应充分让宝宝运动，使其肢体动作正确、熟练，并帮助左、右脑均衡发展。除了大肌肉的训练外，也给宝宝提供一些小肌肉的练习，即手眼协调的细微动作教育，不仅能让宝宝养成良好的动作习惯，也能帮助其智力的发展。

　　家庭教育是教育的起点，为了让科学的蒙特梭利教育法伴随宝宝生命的开始在家庭中应用起来，我们特地编写了这套丛书，希望您能从书中领悟到蒙特梭利教育的精髓，把握蒙特梭利教育法，让宝宝在爱的抚慰中，自由、快乐、有序地活动、探索和尝试，体会成功，树立自信，为一生的发展奠定良好的基础。

感觉系统训练

"感官教育"把宝宝感觉经验的重要性置于高等智能活动之先,是蒙特梭利教学法中最具特色的一项内容。

训练说明

    "感官教育"把宝宝感觉经验的重要性置于高等智能活动之先，是蒙特梭利教学法中最具特色的一项内容。

    感觉教育的主要目的是通过训练宝宝的注意、比较和判断力，使宝宝的感受性更加敏锐、准确、精练，为宝宝认知世界建立良好的基础。主要包括五个部分：

● **视觉训练**

    视觉训练在于帮助宝宝用观察的方法辨别物体的形状、颜色、大小、高低、长短及不同的几何形状，用对比的方法认识物体的异同以及做配对游戏等。

● **触觉训练**

    触觉训练在于帮助宝宝学会辨别物体是光滑还是粗糙，辨别物体的温度、轻重、大小、厚薄、长短以及形体等。

● **听觉训练**

    听觉训练主要是帮助宝宝习惯于辨别和比较声音的差别，使他们在听声训练过程中，培养初步的审美和鉴赏能力。

● **味觉训练**

    味觉训练包括品尝饮料、食品、蔬菜、水果等，还可以利用进餐时间让宝宝认识和了解各种不同的味道，提高宝宝的味觉灵敏度。

● **嗅觉训练**

    嗅觉训练的目的在于训练宝宝辨别各种不同的气味，提高宝宝嗅觉的灵敏度，让宝宝在视觉经验之外还能进入另一个感觉世界。

藏猫猫

★ 材料准备

一块大的方巾，一些积木或其他毛绒玩具。

★ 训练要点

1. 出示一个玩具小狗，说："宝宝，我们来跟小狗玩藏猫猫，现在小狗要藏起来，宝宝来找找看。"当着宝宝的面，用方巾将玩具小狗盖住，让宝宝寻找。

2. 妈妈用方巾盖在自己头上，引导宝宝拉开毛巾，找到妈妈。

3. 和宝宝交换角色，让宝宝来藏，妈妈找。

专家指导

1. 这一训练方案的目的是练习宝宝手眼协调的能力。

2. 这一训练方案适合 1 岁~1 岁 6 个月的宝宝。

3. 宝宝找到后，要及时给予鼓励。

4. 宝宝藏的时候，妈妈可先故意装作到处找的样子，然后再拉开方巾，作出惊喜的表情，激发宝宝的兴趣。

贴心提示

不要让方巾长时间盖在宝宝头上。

蒙氏心语

儿童有一种特殊的敏感性，促使他去认识周围的一切。

认气球

★ **材料准备**

红、黄、蓝色气球各一个

★ **训练要点**

1. 取来红色气球，妈妈说："宝宝你看，红气球多好看"。边说边轻拍气球，吸引宝宝去看。
2. 以同样的方法认识黄、蓝两种气球。
3. 将三种颜色气球放在一起，请宝宝辨认颜色。

专家指导

1. 这一训练方案的主要目的是帮助宝宝学会分辨红、黄、蓝三种颜色。
2. 这一训练方案适合1岁6个月～2岁6个月的宝宝。
3. 当宝宝熟悉三种颜色后，可以把三色气球挂在宝宝能看到的地方，引导宝宝用眼睛寻找三种不同颜色的气球。
4. 也可让宝宝寻找红、黄、蓝色的其他物体。

贴心提示

1. 一定选择才质较厚、颜色纯正的气球；
2. 气球充气不要太足，以免炸裂惊吓宝宝。

蒙氏心语

人类不像其他动物那样，生来具有业已协调的动作，人必须学会协调自己的动作。

找 光

★ **材料准备**

手电筒一个。

★ **训练要点**

1. 晚上，把电灯关掉，爸爸用手电筒随机照射室内墙壁，让宝宝去寻找光点。
2. 爸爸用手电筒照射室内的某一物品，让宝宝说出看到的物品名称。

专家指导

1. 这一训练方案的目的是锻炼宝宝视觉的灵活性。
2. 这一训练方案适合1岁6个月~2岁6个月的宝宝。
3. 也可让宝宝拿着手电筒，根据爸爸的指令照射相应的物体。
4. 在户外阳光强弱适宜时，可带宝宝玩踩影子的游戏。

贴·心·提示

手电筒光柱不能直射宝宝的眼睛。

蒙氏·心·语

儿童有自我创造和追求完美的内在冲动。

滚 球

★ **材料准备**

大、小球各一个，长丝带一根。

★ **训练要点**

1. 妈妈与宝宝面对面蹲下（间隔 2 米左右），一起做滚球传递活动。

2. 妈妈和宝宝蹲在同一方向，分别取一大一小两个球，在距离前方两米处放置一长丝带做终点线，两人一起进行滚球比赛，看谁的球先滚过终点线。

3. 引导宝宝判断并用语言表达：大（小）球滚得快，小（大）球滚得慢。

专家指导

1. 这一训练方案的目的是通过滚球让宝宝感知运动物体的快慢。

2. 这一训练方案适合 1 岁 6 个月～2 岁 6 个月的宝宝。

3. 在滚球比赛时，家长可有意识地控制滚球的力度，让宝宝的球有机会先过终点线，从而获取胜利的快乐。

4. 日常生活中可引导宝宝观察一些不同物体的运动，感知快慢的概念。

贴心提示

此活动宜在平坦开阔的户外进行。

蒙氏·心语

小孩是在敏感期学会调适自己并获得特定能力的。

彩色水游戏

★ **材料准备**

透明杯子分别装上红、黄、蓝三种颜色的水（每种颜色两杯）。

★ **训练要点**

1. 在桌子上放三个装有不同颜色水的杯子，请宝宝辨别三种不同的颜色并说出名称。

2. 把六杯水全部放在桌子上，引导宝宝把颜色相同的两杯水配对摆放，同时，引导宝宝说出自己这样摆放的理由，如：这两杯是红色水。

专家指导

1. 这一训练方案的目的是教会宝宝分辨三种颜色，并根据颜色进行物品配对。

2. 这一训练方案适合 2 岁~3 岁的宝宝。

3. 刚开始练习时，可先通过各种方式加深宝宝对三种颜色的认识，如，问宝宝"这是什么颜色的水"或让宝宝"找出红颜色的水"，等宝宝对三种颜色较为熟悉后，再进行配对练习。

4. 也可用三种颜色的其他物品进行练习。

贴心提示

在宝宝认识三种基本色的基础上，家长可和宝宝一起进行调色的活动。

蒙氏·心语

没有人能代替孩子的成长。

听音瓶

★ 材料准备

矿泉水瓶3个，其中一个为空瓶，另外两个分别装有豆子和水（1/3瓶）。

★ 训练要点

1. 取过装有水的瓶子轻晃，让宝宝听到声音，并告诉他："这是水晃动时的声音。"
2. 以同样的方法让宝宝认识晃动豆子发出的声音。
3. 取过空瓶，晃动两下，告诉宝宝说："没有声音。"
4. 让宝宝闭上眼睛，家长晃动不同的瓶，让宝宝猜猜是哪个瓶子发出的声音。

专家指导

1. 这一训练方案的目的是让宝宝学习专注地倾听、辨别不同的声音。
2. 这一训练方案适合2岁~2岁6个月的宝宝。
3. 也可在瓶子里装上糖果、大米等物品让宝宝辨别不同的声音。
4. 可以一边玩游戏，一边教宝宝念儿歌：瓶子里面装的啥？我来用力摇一摇，宝宝耳朵好，一听就知道。

贴心提示

注意不要让宝宝将豆子放入口鼻中。

蒙氏心语

我被人类崇高的思想所感动——在人类的本能之中，他们对知识的爱远超过无意义的玩乐。

猜猜他是谁

★ **材料准备**

眼罩一个。

★ **训练要点**

1. 让宝宝戴上眼罩，爸爸说："宝宝，你好！猜猜我是谁？"其他家庭成员相继发出声音，让宝宝根据声音判断出是谁。
2. 大家可变换说话的声调，请宝宝猜出是谁在说话。
3. 两三位家庭成员同时说话，让宝宝猜几个人在说话，各是谁。

专家指导

1. 这一训练方案的目的是让宝宝通过听声音，辨别家庭成员。
2. 这一训练方案适合 2 岁～2 岁 6 个月的宝宝。
3. 也可将家庭成员的声音录下来（包括宝宝的声音），让宝宝听录音辨别家庭成员。
4. 可在家庭成员较多时玩这个游戏，也可让其他小朋友和宝宝一起玩，但同时说话的人数不要超过三个人。

贴·心·提示

1. 当宝宝答对时，给他鼓鼓掌；答错时，可让宝宝学小动物叫。
2. 也可和宝宝交换角色玩游戏。

蒙氏·心语

导师的职责是指导孩子的智能活动和孩子的心理发展。

我的听觉

★ **材料准备**

录有笑声、哭声、说话声、唱歌声等声音的磁带，录音机一台，相应表情的图片一套。

★ **训练要点**

1. 请宝宝听录音，分辨笑声、哭声、说话声、唱歌声，准确说出以上声音的名称。
2. 给宝宝出示表情图片，让宝宝根据录音机里的声音找出相应的图片。
3. 让宝宝根据出示的图片，发出相应的声音。

专家指导

1. 这一训练方案的目的是发展宝宝的倾听能力，让宝宝学会辨别不同的声音。
2. 这一训练方案适合 2 岁～3 岁的宝宝。
3. 也可换用自然界的声音，如风声、雨声、雷电声让宝宝辨别。

贴心提示

刚开始练习时，可让宝宝只听录音辨声音，等宝宝熟悉后再逐渐增加难度，加入图片练习。

蒙氏心语

孩子有超强的记忆力，当孩子可以动手操作而不仅用眼看时，会记得更好。

猜身体乐器

★ **材料准备**

眼罩一个。

★ **训练要点**

1. 给宝宝戴上眼罩，家长拍手，请宝宝回答听到了什么声音。

2. 家长发出弹舌的声音，请宝宝回答听到了什么声音。

3. 以同样的方法进行拍腿、跺脚等声音的倾听练习。

专家指导

1. 这一训练方案是让宝宝学习通过倾听，判断声音来源。

2. 这一训练方案适合 2 岁 6 个月～3 岁的宝宝。

3. 也可引导宝宝用身体的相同部位模仿发声回应家长。

贴心·提示

1. 如果宝宝一次没猜出来，家长可重复发出相同的声音，让宝宝再听。

2. 练习的时间不要过长。

蒙氏·心语

在一个真正属于孩子的地方，孩子会尽力去注意
自己的举止，控制自己的行为。

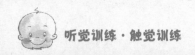

找声音

★ **材料准备**

小铃一个，眼罩（或手帕）一个。

★ **训练要点**

1. 让宝宝戴上眼罩，爸爸在离宝宝几步远的地方摇铃，请宝宝寻着铃声走向爸爸。

2. 爸爸在不同的方向摇铃，让宝宝寻找。

专家指导

1. 这一训练方案的目的是让宝宝能专注地倾听，学会辨别声音的方向。

2. 这一训练方案适合 2 岁~3 岁的宝宝。

3. 可用其他发声物代替铃铛和宝宝进行此游戏，或家长在不同的方向拍手，让宝宝根据声音寻找。

4. 练习几次后，可让宝宝摇铃，爸爸戴上眼罩寻找。

贴心·提示

家长不要离宝宝太远，注意宝宝的安全，以防绊倒跌倒。

蒙氏·心语

生命的初期，一定要从环境中吸收大量的讯息，这是心智活动最频繁的时期，孩子需要从环境吸收一切的事物。

抓悬挂玩具

★ 材料准备

硬度、大小不同的悬挂玩具若干。

★ 训练要点

1. 把玩具悬挂在宝宝的小床上方，引导宝宝去抓握、感知软硬不同的玩具。妈妈可在一旁提示：这是硬硬的积木，这是软软的"小熊"。
2. 用同样的方法引导宝宝触摸大小不同的玩具。

专家指导

1. 这一训练方案的目的是让宝宝通过触摸不同特征的物体，发展感知能力。
2. 这一训练方案适合1岁~1岁7个月的宝宝。
3. 在日常生活中有意识地让宝宝去触摸一些不同材质的东西。

贴心提示

玩具应拴牢，以免宝宝拉断绳子受到惊吓。

蒙氏心语

断奶在幼儿生命中是个重要的转折点，我们不该让孩子继续吸吮而不咀嚼食物。

摸 球

★ 材料准备

大小不同的球三个，布袋一个。

★ 训练要点

1. 和宝宝一起触摸三个球，感知它们的大小。
2. 家长指着不同的球告诉宝宝："这是大球"、"这是小球"、"这是中间大小的球"，让宝宝再次触摸三个球，感知大和小。
3. 将大小不同的球放进布袋，进行摸球游戏，家长可要求宝宝根据指令取出相应的球。

专家指导

1. 这一训练方案的目的是让宝宝通过触觉感知球的大小，形成初步的大小概念。
2. 这一训练方案适合 2 岁～3 岁的宝宝。
3. 可分别让宝宝用不同的方法去拿三个球，如，将大球抱在怀里，两只手捧着中间大小的球，一只手握着小球。
4. 也可让宝宝根据指令进行滚球游戏，如，让宝宝将大的球滚过来。

贴心提示

1. 对年龄较小的宝宝可先用两个球进行练习。
2. 皮球应先清洗干净，充好气，大皮球的直径不小于 15 厘米。

蒙氏心语

感官训练可以培养敏锐的观察者，适应现在的文明时代，更能实际地应用于日常生活中。

触觉板

★ 材料准备

粗糙的砂纸板一块，光滑的木板一块。

★ 训练要点

1. 取出粗糙的砂纸板放在桌上，引导宝宝用全部的手指轻轻触摸，并说出"砂纸板是粗糙的。"

2. 取出光滑的木板放在桌上，让宝宝用同样的方法触摸，并说出："木板是光滑的。"

专家指导

1. 这一训练方案的目的是让宝宝通过触摸感知粗糙与光滑。

2. 这一训练方案适合2岁~3岁的宝宝

3. 等宝宝熟练后，可引导他说出其他粗糙和光滑的日常用品。

贴心提示

提醒宝宝在触摸砂纸动作要轻，以免擦伤手指。

蒙氏心语

利用不同的感官刺激，有条不紊地将注意力引导到儿童的活动中，即便是嗅觉也可以用理解的方式来训练，从而成为他们探索环境的器官。

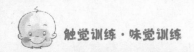

摸一摸

★ **材料准备**

布袋一个,宝宝熟悉的物品若干,如布娃娃、图书、玩具汽车、杯子等。

★ **训练要点**

1. 出示所有的物品,让宝宝看一看,摸一摸,并分别说出它们的名称。

2. 当着宝宝的面将这些东西放进布袋,让宝宝伸手进布袋去摸,并说出摸到了什么,再取出来,看看是否正确。

3. 如果宝宝猜对了,妈妈可做惊讶状,问宝宝:"你怎么知道的?"让宝宝说说自己的感觉。

专家指导

1. 这一训练方案的目的是让宝宝练习通过触摸来辨别熟悉的物体。

2. 这一训练方案适合 2 岁~2 岁 6 个月的宝宝。

3. 刚开始练习时,可选择少数几个外形差别较大的物体让宝宝练习,等宝宝熟悉以后,可增加物体数量,选择一些外形和质地较为相似的物体让宝宝练习。

贴心·提示

注意不要将有尖厉棱角的物品放入袋中。

蒙氏·心语

孩子独立的智能发展无可限量,它直接依赖孩子心智的力量,而不仅靠导师的工作。

认识糖和醋

★ 材料准备

加糖的温水和加醋的温水各一杯。

★ 训练要点

1. 请宝宝尝一尝糖水，告诉宝宝这是糖水，甜甜的。
2. 请宝宝尝一尝加醋的水，告诉宝宝这是加了醋的水，酸酸的。
3. 将两杯水的位置换一换。
4. 再让宝宝分别尝一尝两杯水，说出它们的名称和味道。

专家指导

1. 这一训练方案的目的是让宝宝学会分辨"甜"和"酸"两种味道，并记住名称。
2. 这一训练方案适合 1 岁 3 个月~2 岁的宝宝。
3. 可用同样的方法让宝宝认识咸味。

贴心提示

注意在生活中随机对宝宝进行味觉训练，如，喝果汁时，告诉宝宝这是甜甜的；吃咸鸭时，告知宝宝这是咸咸的；宝宝生病吃药时，告知他药是苦的。

蒙氏心语

妈妈必须同时喂养孩子的身体和精神，且精神上的需求更重于身体的需要。

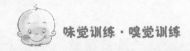
尝味游戏

★ **材料准备**

牛奶、米汤、糖水各一杯，小勺三把。

★ **训练要点**

1. 取来牛奶、米汤、糖水各一杯放在桌子上。
2. 取一勺牛奶让宝宝尝尝，说："这是牛奶。"然后以同样的方法进行米汤、糖水的尝味。
3. 让宝宝闭上眼睛后，再分别尝尝三种饮品，并说出相应的名称。

专家指导

1. 这一训练方案的目的是增强宝宝的味觉辨别能力。
2. 这一训练方案适合1岁6个月～2岁的宝宝。

贴心提示

给宝宝提供温度适中的牛奶、米汤和糖水。练习结束后，可让宝宝根据喜好选择其中的饮品喝。

蒙氏心语

作为一个保护者，父母可通过拥抱与孩子接触。

闻水果

★ **材料准备**

苹果、橘子各一个，果盘一个。

★ **训练要点**

1. 将苹果、橘子各一个放在果盘。家长取苹果闻一闻说："这是苹果"；然后让宝宝也闻一闻，告诉他："这是苹果。"
2. 以同样的方法引导宝宝认识橘子。
3. 让宝宝闭上眼睛，家长取过一个水果，让宝宝闻闻，并说出水果的名称。

专家指导

1. 这一训练方案的目的是让宝宝通过嗅觉了解水果，记住水果的气味。
2. 这一训练方案适合1岁6个月~2岁6个月的宝宝。
3. 等宝宝熟悉以后，可更换水果种类或增加水果种类。
4. 在进行嗅觉训练的同时，也可引导宝宝观察两种水果的外形，用手触摸或切开（剥开）两种水果，让宝宝认识它们的不同。

贴心提示

训练结束后，可和宝宝一起品尝水果，让宝宝比较两种水果不同的味道。

蒙氏·心语

> 新生儿具有奇妙的自我调节能力。

* 能分清基本的颜色，如红、黄、蓝、绿等。

* 能判断圆形、三角形、正方形等基本图形，能初步判断椭圆形、菱形等图形。

* 能分辨不同事物发出的声音，能辨别词的声调，能初步辨别高低音、快慢声，两岁左右能随着音乐有节奏地，比较准确地模仿简单的律动和舞蹈动作。

* 在对物体的接触与摆弄中，能分辨出物体的各种软、硬、冷、热、粗糙与光滑等不同的属性。

* 通过嗅、尝，能分辨出物体的不同气味和味道。

日常生活练习

蒙特梭利非常重视儿童早期智力开发，她主张从日常生活的训练入手，配合良好的学习环境与丰富的日常生活用品，让宝宝自发主动地学习，养成独立思考、自我教育的良好品质。

训练说明

　　蒙特梭利非常重视儿童早期智力开发,她主张从日常生活的训练入手，配合良好的学习环境与丰富的日常生活用品，让宝宝自发主动地学习，养成独立思考、自我教育的良好品质。

　　所谓日常生活练习，是将家庭中成人所做的一些日常生活活动，当作一项"工作"，让宝宝去模仿，去体验，为以后的生活做准备，培养宝宝良好的人格。主要包括四个部分：

● **基本运动**

基本运动是指为日常生活中的各项活动所做的基本训练，既包括大肌肉的运动，如走、站、跑等，也包括小肌肉的运动，如，抓、捏、握、舀等等。很多运动都是在成人看来容易，对宝宝而言却有一定难度，这样的锻炼，有助于培养宝宝活动的协调性与独立性。

● **社会交往**

社会交往是指教给宝宝一些基本的社会交往常识，为宝宝正常地参与社会生活提供必要的准备。主要介绍人们在生活中必要的礼仪、规则等，通过练习，能够让宝宝建立起正常的社会交往行为，建构起比较和谐的人际关系。

● **关爱环境**

主要培养宝宝对周围的一切空间及物品充满情感和爱心的好品格。让宝宝通过清扫、洗涤、照顾动植物等活动，了解自己与环境的关系，树立起对环境的责任意识。

● **自理能力**

自理能力的培养是为顺应生存和社会生活的发展要求，培养宝宝自主精神，学习必要的技能，通过自理能力的训练，帮助宝宝在日常生活中较好地照顾好自己并从中获得独立性和自信心。

钻山洞

★ **材料准备**

一些宝宝喜欢的玩具。

★ **训练要点**

1. 在房间一处放上一些宝宝喜欢的玩具，爸爸在玩具附近弯腰躬身，手膝着地，做山洞状。
2. 鼓励宝宝爬过"山洞"去拿取自己喜欢的玩具。

专家指导

1. 这一训练方案的目的是练习宝宝钻、爬的动作。
2. 这一训练方案适合 1 岁 4 个月～2 岁的宝宝。
3. 刚开始练习时，妈妈可站在山洞的另一边鼓励宝宝，迎接爬过来的宝宝。
4. 等宝宝熟练后，也可让宝宝带着任务爬行，如，让宝宝分次拿取成人指定的玩具等。

贴·心·提示

爬行对宝宝身体协调性的发展有很大的帮助，平时要多给宝宝创设条件，让宝宝练习一些爬行活动。

蒙氏·心语

成人必须给幼儿提供活动的空间。

保持正确的姿势

★ 材料准备

小椅子一把。

★ 训练要点

1. 训练宝宝走路：指导宝宝先伸出右脚，脚跟踩到地板上，脚尖着地，然后，以自然的步幅踏出，姿势端正，两脚交互前进。
2. 训练宝宝坐姿：指导宝宝身体略向前倾，轻轻地弯腰坐下，背挺直，膝盖合拢，两手放在大腿上，腰部微微贴住椅背坐好。
3. 训练宝宝站立：指导宝宝保持身体平衡，轻轻地站起来。

专家指导

1. 这一训练方案的目的是让宝宝学习基本的走路、坐、站立的正确方法，并训练宝宝手脚运动的协调性。
2. 这一训练方案适合 1 岁 6 个月～2 岁的宝宝。
3. 每项练习可重复进行，每次可进行 1～2 项练习。

贴心提示

1. 练习的时间不可太长，避免宝宝过于疲惫。
2. 在日常生活中家长应随时注意向宝宝示范正确的姿势，培养宝宝良好的习惯。

蒙氏心语

让儿童实际参与工作，能增强他们对生活环境的责任感。

玩　球

★ 材料准备

彩色的皮球一个。

★ 训练要点

1. 出示皮球并将其在地上滚动，引起宝宝兴趣。
2. 妈妈和宝宝相对而坐，请宝宝把球滚向妈妈，两人互相将球滚动着传给对方。
3. 鼓励宝宝用脚踢球。
4. 将球踢出去后，鼓励宝宝去追球。

专家指导

1. 这一训练方案的目的是锻炼宝宝的手部、腿部肌肉以及手眼协调能力。
2. 这一训练方案适合 1 岁~2 岁的宝宝。
3. 也可用有绳带的网袋装上皮球，提着球让宝宝用手拍拍，用脚踢踢。

贴心提示

1. 选用软一点的皮球给宝宝练习。
2. 皮球是宝宝喜欢的一种玩具,也可利用皮球让宝宝进行大小的比较和颜色的分类活动。

蒙氏·心语

对于新生儿，我们不仅要关心他的身心健康，还应该关心他的心理需要。

搬椅子

★ **材料准备**

宝宝用的小椅子一把。

★ **训练要点**

1. 爸爸站在距宝宝一段距离的地方。
2. 妈妈指导宝宝一只手握住椅背，另一只手握住椅面前端中央，轻轻搬起椅子。
3. 请宝宝搬着椅子给爸爸送去。
4. 到达目的地后，爸爸提示宝宝将椅子轻轻放下。

专家指导

1. 这一训练方案的目的是让宝宝学习正确搬放椅子的方法，养成轻拿轻放的习惯。
2. 也可让宝宝将椅子搬运到其它指定的目的地。
3. 还可用装玩具的小箱子或其他适用的物体进行搬运练习。
4. 这一训练方案适合 2 岁~3 岁的宝宝。

贴心提示

1. 根据宝宝的年龄与体力提供重量适当的椅子或小箱子。
2. 避免在宝宝搬运的路面上有障碍物，以防宝宝跌跤。
3. 练习中注意保护，以免椅子掉落砸伤宝宝脚趾。

蒙氏·心语

> 动作发展应该是心理高层次的表现或反映，这是合乎自然发展逻辑的。

塞溜溜球

★ **材料准备**

溜溜球五个，竹篮一个，中型塑料筒一个。

★ **训练要点**

1. 在塑料筒盖上开一个洞穴，洞穴的大小以让溜溜球能够落下为宜。
2. 引导宝宝用五指或三指抓球并将球移到筒的上方，然后将球塞到洞穴中。

专家指导

1. 这一训练方案的目的是练习宝宝的五指或三指抓握的能力以及小肌肉的控制力。
2. 这一训练方案适合 1 岁~1 岁 6 个月的宝宝。
3. 依据宝宝的年龄，从五指抓握开始练习，再到三指抓握。
4. 月龄小的宝宝可抓大球，大宝宝可以抓小球。

贴心提示

1. 球数量不宜过多，要让宝宝有成就感
2. 球要清洁无毒，注意防止宝宝将球塞入口腔。

蒙氏心语

假如孩子们的活动正好和他的内在需求相配合，孩子的表现会让我们清楚他的发展所需。

挤海绵

★ 材料准备

洗手盆两个，海绵、防水小围裙、擦布各一。

★ 训练要点

1. 在一个洗手盆里倒入约三分之一盆水。
2. 引导宝宝把海绵浸入水里直至全部浸湿，然后拿出，轻移至另一盆上方，用两手把海绵挤干，反复操作，直至这一盆的水全部移至另一盆。
3. 练习结束后，协助宝宝倒掉盆中的水，并用海绵擦干溅在桌面上的水。

专家指导

1. 这一训练方案是让宝宝学习挤的方法，培养其双手的协调性，肌肉的控制力。
2. 这一训练方案适合 2 岁~3 岁的宝宝。

贴心提示

在夏天做此练习，宝宝更有兴趣，请在练习前为宝宝系上防水小围裙

蒙氏心语

> 儿童是人类的创造者。

一起搬小桌子

★ 材料准备

家中的小桌子或搬运方便的小茶几。

★ 训练要点

1. 爸爸和宝宝分别站在小桌子的旁边，用手握住桌沿并轻轻地抬起。
2. 爸爸和宝宝两个人一起横向移动，或一前一后移动，将桌子抬向目的地。
3. 到达目的地后，宝宝先将桌脚轻轻放下，爸爸再把桌脚轻轻放下。

专家指导

1. 这一训练方案的目的是让宝宝学习两人配合搬运物品的方法。
2. 这一训练方案适合 2 岁~3 岁的宝宝。
3. 也可以让宝宝与另一小朋友一起练习，提醒宝宝搬运时保持步速的一致。

贴心提示

1. 根据宝宝的年龄与体力提供高度及重量适中的小桌子或茶几。
2. 练习一前一后走时，家长要选择自己倒着走而宝宝正着走的方式。

蒙氏心语

儿童是通过努力从事活动，从而使个人得到发展的。

抓毛线球

★ 材料准备

五个不同颜色的、柔软的毛线球（球的大小以宝宝的一只手可抓握为宜），两个装毛线球的小筐或小盒子。

★ 训练要点

1. 将五个毛线球都装在一个小筐里。
2. 请宝宝帮毛线球搬家，让宝宝单手从小筐里逐一抓起毛线球放进另一小筐。
3. 游戏结束时，和宝宝一起将小筐和毛线球放回原处。

专家指导

1. 这一训练方案的目的是练习宝宝手部肌肉的控制能力。
2. 这一训练方案适合 1 岁~1 岁 6 个月的宝宝。
3. 家长可依据宝宝的能力，教宝宝识别毛线球的颜色。

贴心·提示

家长可准备软、硬不同的球，刺激宝宝对抓握游戏更感兴趣。

蒙氏·心语

尊重孩子的发展自由，包括帮助孩子培养发展的能力。

捏贝壳

★ 材料准备

干净的小贝壳十个，空纸盒一个，小毛巾一条。

★ 训练要点

1. 将洗干净的小贝壳都放在空纸盒里。
2. 请宝宝给贝壳排队，教宝宝用拇指和食指把纸盒里的贝壳捏出来，一一放在毛巾上，摆成一排。
3. 指导宝宝观察、欣赏贝壳的形状和花纹。
4. 请宝宝送贝壳回家，让宝宝把贝壳再用同样的方法放回纸盒，并用毛巾盖上。

专家指导

1. 这一训练方案的目的是练习用拇指、食指捏东西，发展宝宝小肌肉的灵活性，并培养宝宝做事的专注力。
2. 这一训练方案适合1岁~1岁6个月的宝宝。
3. 训练时，提醒宝宝不要"满把抓"贝壳。
4. 也可用一些小珠子、干果、扣子等材料进行练习。

贴心提示

要注意不要让宝宝把小贝壳放在嘴里。

蒙氏心语

新式教育理论中的中心思想之一，正是呼吁人们重视孩子社会本能的培养，并且鼓励孩子与同伴相处。

拧瓶盖

★ 材料准备

三四个化妆品空瓶，用前洗净。

★ 训练要点

1. 将拧好盖的空瓶给宝宝。
2. 教宝宝拧开瓶盖，让宝宝左手握住瓶身，右手握住瓶盖，转动瓶盖，直到瓶盖可以脱离瓶身。
3. 教宝宝盖瓶盖，让宝宝把拧开的盖子盖在瓶子上，左手握住瓶身，右手握住瓶盖拧紧瓶盖。
4. 请宝宝用同样的方法再分别去拧另外的几个瓶盖。

专家指导

1. 这一训练方案的目的是提高幼儿手指头和手腕的转动能力。
2. 这一训练方案适合1岁8个月～2岁6个月的宝宝。
3. 家长可先示范拧紧瓶盖和拧开瓶盖的正确方法，提示宝宝注意拧瓶盖的方向。
4. 也可将拧开的所有瓶盖放在一起，引导宝宝为大小不同的瓶子找"帽子"。
5. 刚开始让宝宝练习的瓶盖不要拧得过紧，以免宝宝无法拧开。

贴·心·提示

注意不要让宝宝将瓶盖放入口中。

蒙氏·心·语

我们教育系统最大的特色就是对孩子环境的重视。

倒花豆

★ 材料准备

两个大小相同的杯子，一些花豆，一个托盘。

★ 训练要点

1. 家长将两个杯子放在托盘上，其中一个杯子内装入约三分之二的花豆。

2. 教宝宝将杯子里的豆子倒入另一杯子中：先让宝宝把有豆子的杯口对着另一杯子的中央，然后杯身慢慢倾斜，直到倒完最后一颗豆子。

3. 请宝宝将空杯子放下，再次把装有豆子的杯子轻轻拿起来，用同样的动作，把豆子倒回空杯。

专家指导

1. 这一训练方案是训练幼儿小肌肉运动和协调性，培养宝宝做事情的专注力。

2. 这一训练方案适合1岁7个月~2岁6个月的宝宝。

3. 每次倒完后，把倒在杯子外的豆子捡回杯子里，同时提醒宝宝尽量避免将豆子洒落在杯子外。

4. 待宝宝熟练后，可以让他练习倒更细小的物体，如小米等。

贴心提示

注意不要让宝宝将花豆或其他细小的物体放入口鼻中，以免噎住。

蒙氏心语

儿童不仅在心理上是被动的，而且像一个空花瓶，是一个有待充满及塑造的生命。

33

拧毛巾

★ **材料准备**

洗手盆、小毛巾、防水小围裙各一。

★ **训练要点**

1. 家长往盆里倒入约三分之一的水。
2. 指导宝宝将毛巾对折，浸入水中直至全部浸湿。
3. 家长将毛巾在水盆中再对折一次，然后拿出水面，左右两手向相反方向转动，把毛巾拧干。
4. 请宝宝再次把毛巾放入水盆中，模仿以上动作，把毛巾拧干。

专家指导

1. 这一训练方案的目的是让宝宝学习拧毛巾的方法并训练宝宝肌肉运动的协调性。
2. 这一训练方案适合2岁3个月~3岁的宝宝。
3. 也可用大一点的毛巾，宝宝和家长合力完成拧的工作。
4. 练习完毕后，家长可指导宝宝将毛巾挂在毛巾架上，并协助宝宝倒掉盆里的水，用抹布擦干溅在桌面的水。

贴心提示

练习时让宝宝带上小围裙，以防弄湿衣服。

蒙氏心语

经过不断改善自己的动作，幼儿逐渐从独立活动中获得喜悦。

揉面团

★ 材料准备

小围裙一条，小案板一块。

★ 训练要点

1. 家长将和好的面分给宝宝一块。
2. 先让宝宝捏捏，感受面是软的。
3. 引导宝宝模仿家长的动作，双手拿着面团在案板上反复地揉。
4. 引导宝宝将面团搓成圆球状或压成饼状。

专家指导

1. 这一训练方案主要锻炼宝宝手部肌肉的灵活性。
2. 此训练方案适合1岁6个月~2岁的宝宝。
3. 家长可在做面食时，给宝宝提供练习的机会，平时也可用橡皮泥进行练习。

贴心·提示

1. 练习时，给宝宝系上围裙，以防弄脏衣服。
2. 告诉宝宝面团或橡皮泥是不能吃的。

蒙氏·心·语

生命之援助，这就是教育。

给妈妈开门

★ 材料准备

适合宝宝开关的门一扇。

★ 训练要点

1. 妈妈站在门外，爸爸带领宝宝站在室内门口。
2. 妈妈轻轻敲门，爸爸说："宝宝，请给妈妈开门。"
3. 爸爸引导宝宝右手握门把，轻轻旋转，把门推开或拉开，并说："请进。"
4. 妈妈进门后，引导宝宝轻轻地把门关上。

专家指导

1. 这一训练方案的目的是让宝宝学习开门、关门的正确方法，培养宝宝良好的礼节。
2. 此训练方案适合 2 岁~3 岁的宝宝。
3. 父母可轮流扮演客人的角色，让宝宝开门迎接客人或送客人出门，引导宝宝学会说："您好! 请进!"或"再见，慢走。"等礼貌用语言。
4. 平时生活中有客来访时，可引导宝宝学会迎送客人的一些礼节。

贴心·提示

练习时提醒宝宝动作要轻，当心宝宝的手被门夹伤。

蒙氏·心语

当孩子被放在自然的环境里，他会显示出自己的能力。

握 手

★ **材料准备**

事先搜集些适合宝宝的日常礼仪方面的资料讲给宝宝听。

★ **训练要点**

1. 爸爸扮演初次和宝宝相见的客人，示范以端正的姿势站立并慢慢靠近宝宝，伸出右手，妈妈引导宝宝模仿爸爸的动作。

2. 指导宝宝握住"客人"的右手，看着对方的眼睛，微笑。

3. 指导宝宝学说一些礼貌语，如"您好"、"再见"、"欢迎到我家做客"等。

专家指导

1. 这一训练方案的目的是培养宝宝懂礼貌的习惯，学习与他人交往的方法，养成良好的社会行为。

2. 这一活动适合1岁6个月~2岁6个月的宝宝。

3. 在生活中随时注意宝宝礼貌行为的培养。

贴心提示

练习时提醒宝宝说话要大胆大声，握手动作要轻。

蒙氏心语

行动对生命是很重要的，教育不能策划出一个让生命缓和下来或压抑它的方法。

送积木回家

★ **材料准备**

积木若干，放积木的盒子或小筐一个。

★ **训练要点**

1. 取出积木，和宝宝一起玩搭积木。
2. 游戏结束后，告诉宝宝："积木也玩累了，宝宝帮它们回家去吧。"引导宝宝将积木轻轻放回篮子里。

专家指导

1. 这一训练方案的目的是培养宝宝规则有序的良好习惯。
2. 这一训练方案适合1岁6个月~3岁的宝宝。

贴心提示

家长要在日常生活中培养宝宝整洁有序的习惯，如每次玩完玩具后，家长可和宝宝一起动手，将玩具收拾整齐。

蒙氏心语

用我们的教学方法，导师教得少，但却观察得多。

浇 花

★ 材料准备

儿童用的喷水壶一个。

★ 训练要点

1. 和宝宝一起给喷水壶注入适当的水，让宝宝拿到花盆或花坛前。
2. 指导宝宝把水喷向植物根部附近。
3. 观察泥土的颜色，了解水分是否已够。

专家指导

1. 这一训练方案的目的是训练宝宝大肌肉运动的协调性，同时让宝宝了解植物的生长需要水。
2. 这一训练方案适合2岁~3岁的宝宝。
3. 还可引导宝宝观察植物的生长变化。

贴心·提示

1. 提示宝宝不同种类的植物，需要的水量不一样。
2. 家长还可帮助宝宝给家里的盆栽植物浇水、剪枝等，让宝宝学会照顾植物。

蒙氏·心语

人类的进步和胜利全靠发自内在的力量。

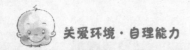

扫地练习

★ **材料准备**

适合幼儿用的扫帚、簸箕一套，碎纸若干。

★ **训练要点**

1. 用粉笔在地板上画个小圈。

2. 把碎纸洒倒在地上。

3. 指导宝宝右手握住扫帚，把碎纸向圆圈中心扫。

4. 当全部碎纸都集中扫在圆圈中心后，让宝宝左手拿簸箕，右手拿扫帚把碎纸扫进簸箕里。

5. 练习结束后，和宝宝一起收好用具。

专家指导

1. 这一训练方案的目的是让宝宝学习正确的扫地方法，培养其做事情的秩序感。

2. 这一训练方案适合 2 岁 6 个月～3 岁的宝宝。

3. 刚开始练习时，只让宝宝学习正确地拿握扫帚，随意扫动碎纸即可。

贴心提示

这一训练方案也可在宝宝进行完"撕纸"游戏后进行。

蒙氏·心语

虽然触觉遍布在全身的表皮上，但是我们往往给予孩子的活动却局限于指尖的部分。

用勺子舀小米

★ 材料准备

碗两个，小米若干，小勺一把。

★ 训练要点

1. 将小米装入一个碗中，放在宝宝右手位置，将另一空碗放在宝宝左手位置。
2. 指导宝宝右手拿勺，将碗中的小米平平舀起，保持角度不变，轻轻地提起来，移至左手空碗的上方，再把勺里的小米倾倒下去。
3. 当杯中的米比较少时，指导宝宝用左手托住碗，把碗微微倾斜，使碗中的米容易被舀起。

专家指导

1. 这一训练方案的目的是帮助宝宝掌握细小物品的正确移动法，学习使用勺子，掌握基本的生活技能。
2. 这一训练方案适合 2 岁~2 岁 6 个月的宝宝。
3. 可让宝宝按照这一方法重复练习，待掌握熟练后，还可以练习舀液体或其他较大的固体。

贴心·提示

1. 宝宝刚开始练习时，容易洒落米粒，家长要给予耐心的指导，鼓励宝宝多练习。
2. 练习结束后，应和宝宝一起将散落在桌上的小米用小刷子整理干净。

蒙氏·心语

一个人的幼儿时期，其实就是一种不断习得能力的过程。这个周期性的刺激，将带给儿童无限的欢乐和乐趣。

折叠餐巾布

★ 材料准备

棉质的餐巾布、手帕或餐巾纸若干。

★ 训练要点

1. 给宝宝出示餐巾布,告诉宝宝:"餐巾布是正方形的。"
2. 为宝宝示范基本的折叠动作,然后指导宝宝两手捏住餐巾布的两端将其对折,成为长方形;再转动长方形,两手捏住两端再次对折为正方形。一边折,一边让宝宝观察形状的变化。
3. 把折好的餐巾布放在餐桌旁。

专家指导

1. 这一训练方案的目的是培养宝宝的独立性和专注力,同时让宝宝初步认识几何图形。
2. 刚开始练习时,家长可用相同形状的餐巾布跟宝宝一起折,让宝宝模仿折叠动作。
3. 还可让宝宝练习折小手帕、折纸等。

贴心提示

可请宝宝就餐前自己动手折叠餐巾布,或和家长一起折叠台布,培养其动手能力。

蒙氏心语

孩子们喜欢安静练习与自由选择。

擤鼻涕

★ **材料准备**

面巾纸或手绢一块。

★ **训练要点**

1. 拿出卫生纸，引导宝宝将卫生纸展开再对折。
2. 让宝宝双手拿着纸的两端，掩住鼻子，用手指（食指、中指）压住一个鼻孔，从另一个鼻孔以呼气的方式擤鼻涕，接着再擤另一个鼻孔。
3. 指导宝宝两手手指捏合，将卫生纸向前拉出、折叠，把鼻涕擦干净。
4. 指导宝宝将卫生纸再折一次，然后将其丢进纸筐。

专家指导

1. 这一训练方案的目的是教宝宝学习正确擤鼻涕的方法，培养良好的卫生习惯。
2. 这一训练方案适合 2 岁~3 岁的宝宝。
3. 在平日生活中，应鼓励宝宝练习自己用纸巾或手绢擤鼻涕。

贴心·提示

提示宝宝不要用太大的力气，避免伤害到鼻腔。

蒙氏·心语

必须容许孩子自由选择物品，这可以让原来的发展得以持续，清除孩子和孩子尚无意识的心智之间的障碍。

穿衣服

★ 材料准备

宝宝的上衣一件，穿衣镜一面。

★ 训练要点

1. 家长将衣服从衣架上取下来，解开纽扣，打开前襟。
2. 指导宝宝左手提右边的衣襟，让右手先穿过袖子，然后，放开左手，将右手伸到后面把衣服披到右边肩膀上，右手提左边衣襟，让左手伸到袖子里。
3. 指导宝宝把两边衣襟对齐，扣好纽扣，一边看镜子，一边整理衣服。

专家指导

1. 这一训练方案的目的是让宝宝学习穿衣服的方法，培养宝宝的自理能力。
2. 这一训练方案适合 2 岁~3 岁的宝宝。
3. 当里面穿的是长袖衣时，指导宝宝用手握住内衣袖扣，再伸手穿衣。

贴心·提示

1. 宝宝刚开始练习时，动作会比较慢，家长要有耐心，并给予一定的协助。
2. 日常生活中要有意识地培养宝宝自己穿衣。

蒙氏·心·语

当我们把羁绊孩子的人为事物，以及自以为是用来教导孩子规矩的暴力放置一旁时，我们就会看见孩子崭新的一面。

脱衣服

★ **材料准备**

宝宝的上衣一件。

★ **训练要点**

1. 先教宝宝解开纽扣，打开前襟。
2. 让宝宝先用双手将肩上的衣服脱下，然后两手转到背后。
3. 右手抓住左边的袖口，让左手抽出来。再双手伸到前面，左手抓右边的袖口，让右手抽出来。
4. 将脱下的衣服衣襟向上平放在床上，抚平上面的皱褶并整理好。

专家指导

1. 这一训练方案的目的是让宝宝学习脱衣服的方法，培养宝宝的自理能力。
2. 这一训练方案适合 2 岁~3 岁的宝宝。

贴心·提示

1. 千万不要因为宝宝动作慢就替代宝宝完成动作。
2. 在日常生活中，要时常给宝宝练习自己脱下外套或裤子等衣物的机会。

蒙氏·心语

孩子能独立活动时，父母可带领孩子一同认识世界。

45

穿、脱鞋

★ **材料准备**

宝宝的鞋子一双、椅子一把。

★ **训练要点**

1. 练习穿鞋：

① 让宝宝坐在椅子上把拖鞋脱掉，家长将室外活动的鞋拿到宝宝面前，摆放时可不按左右脚放。

② 让宝宝分辨左右两只鞋，并放在相应的位置。

③ 一只脚伸向相应侧的鞋子，把脚尖伸进鞋内，用手抓牢鞋子的后部，往后拉，让整个脚都伸进去，最后把脚跟套上。

④ 用同样的方法穿上另一只鞋。

2. 练习脱鞋：

① 让宝宝坐在椅子上，用手握住鞋跟部分向下拉，让脚跟露出来，再把脚从鞋子里抽出来。

② 用同样的方法脱下另一只鞋。

③ 让宝宝将脱下的鞋按左右排放好。

专家指导

1. 这一训练方案的目的是让宝宝学习穿、脱鞋子的方法，训练宝宝手脚肌肉运动的协调性。

2. 这一训练方案适合 2 岁 6 个月～3 岁的宝宝。

3. 可以先用一些方法让宝宝学会辨别左右两只鞋，如鞋袢在外等。

贴心提示

也可让宝宝练习脱手套、袜子等。

蒙氏心语

我们必须重视儿童心理发展期间的生理活动与动作。

洗　手

★ **材料准备**

香皂、毛巾、护手霜等。

★ **训练要点**

1. 带领宝宝站在盥洗盆前，协助宝宝卷起袖子。
2. 让宝宝打开水龙头，把两手浸湿，再关上水龙头。
3. 指导宝宝轻轻把手上的水甩甩，两手抹香皂，再把香皂放回原位。
4. 指导宝宝两手互相搓洗，再将每根手指头以及手背仔细搓洗一遍。
5. 让宝宝打开水龙头，冲洗掉手上的泡沫，再关上水龙头。
6. 让宝宝甩甩手上的水，用毛巾将手擦干，并涂上少许护手霜。

专家指导

1. 这一训练方案的目的是让宝宝学习自己洗手，增强自我照顾的意识和能力，训练宝宝动作的协调性。
2. 这一训练方案适合2岁6个月~3岁的宝宝。
3. 可以根据宝宝身高，准备一个可以踩的小凳子，帮助宝宝够着水龙头。
4. 提醒宝宝洗手时，水龙头不要开得过大，以免溅湿衣服和浪费水。

贴心提示

在日常生活中应注意培养宝宝饭前便后洗手的习惯。

蒙氏心语

有了实际工作，宝宝的自我意识就会逐渐发展、强化。

给娃娃喂饭

★ 材料准备

玩具娃娃一个（可在矿泉水瓶或可乐瓶上用不干胶贴上娃娃脸谱，剪出一个大口，做成娃娃嘴），木珠、小豆子若干，玩具碗一个，勺子一把。

★ 训练要点

1. 将木珠、豆子等事先放在玩具碗里。
2. 出示玩具娃娃，告诉宝宝："看，娃娃张着小嘴，他饿了，宝宝请他吃饭好吗？"
3. 引导宝宝左手抱着"娃娃"，右手拿勺子，从小碗里舀起"饭"送到"娃娃"的"嘴"里。
4. 游戏最后，指导宝宝把娃娃肚里的"食物"倒出来，与勺子一起放回玩具碗里。

专家指导

1. 这一训练方案的目的是促进宝宝手眼协调，提高宝宝用勺的技能。
2. 这一训练方案适合 2 岁~2 岁 6 个月的宝宝。
3. 注意提示宝宝不能用手拿"饭"喂娃娃。
4. 掉在桌上的"食物"要让宝宝及时捡起放回"碗"里。

贴心提示

1. 注意提醒宝宝不要吞食木珠和小豆子。
2. 剪出的娃娃口的边缘要用胶布贴好，以免划伤宝宝的手。

蒙氏心语

动作是完整思考过程的最后一部分，精神的提升必须借助于活动或工作。

宝宝能力发展参照表

基本运动：

* 1 岁 6 个月：能独立蹲下从地上拾取玩具，能拉着成
  人一只手上楼梯，能爬上成人大椅子。能投掷球，能
  用方木搭三层塔，能自发地在纸上乱画。

* 2 岁：能踏三轮车，能上体挺直向前跑（由手脚不协
  调到两手自然摆动），双脚协调地向上向前跳。能较
  平稳地从碗里舀起食物往嘴里送，会双手端杯走动。

* 2 岁 6 个月：能用脚尖走路，能扶着楼梯两步一级上下
  楼梯，能双手抛接球。初步学习握笔在纸上画，学习
  撕不同质地的纸。

* 3 岁：能较自如地两步一级上下楼梯，上下肢协调地
  跑，会避让、不撞人。能双手端碗走动，会用搓长、
  搓圆、压扁的方法，用橡皮泥做简单物体，会画一些
  简单物体。

自理能力与生活习惯:

* 1 岁 6 个月: 会自己用杯子喝水, 会戴帽子, 白天能控制大小便。

* 2 岁: 能认识自己的毛巾、茶杯和其他一些常见生活用品, 知道大小便要入厕, 会用小勺子吃饭, 能不依赖于某种物品入睡, 能掌握正确的擦手方法和拿茶杯的方法。

* 3 岁: 知道正确的洗手方法, 洗手后, 知道把手心、手背的水擦干净, 能独立地去小便, 大小便后能自己提裤子; 能熟练地脱换软底鞋, 在成人的提醒下, 能分清左、右脚, 自己穿鞋; 能自己解衣扣, 能独立或在成人的协助下穿衣; 知道果皮、纸屑要扔进垃圾筐; 不乱扔玩具, 游戏完后, 知道把玩具收好, 放回原处。

情感和社会性发展：

* 愿意参加各种游戏活动。

* 经常保持愉快情绪。

* 能摆脱对家人的依恋，喜欢上幼儿园。

* 愿意与同伴交往，能与他们分享玩具和食物。

* 能初步表现出关心父母及他人，帮助成人干一些力
  所能及的小事，如：拿鞋子、开门、发筷子等。

* 喜欢主动与熟悉的人交往，会用礼貌用语。

数学素质培养

计算能力是人类智能中极为关键的基础能力，婴幼儿期是神经系统发展和动作技能发展的关键时期，培养婴幼儿的计算能力会促进婴幼儿整个智力水平的发展。

训练说明

　　计算能力是人类智能中极为关键的基础能力，婴幼儿期是神经系统发展和动作技能发展的关键时期，培养婴幼儿的计算能力会促进婴儿整个智力水平的发展。

　　婴幼儿期数学素质的培养主要包括以下几个方面，不同的年龄段会有不同的侧重。

●**分类练习**

分类练习就是指导宝宝按照物体的特征或特性进行分类。通过游戏，可以让宝宝练习按物体的某一个（或两个）外部特征进行分类；按物体的特征进行多角度分类；按物体的内在包含关系进行分类。

●**排序练习**

排序练习就是指导宝宝发现物体间的差异，并会按一定的次序或规则（如：物体的某一特征或量的差异等）进行排序。

●**比较练习**

比较练习是为了训练提高宝宝观察事物、辨别事物的能力，按照事物间联系的异同点指导宝宝建立比较的概念，让宝宝比较两组物体的数量、大小是否相等。

●**守恒练习**

守恒练习就是让孩子理解在物体外部形式发生变化后，总量不变的道理，培养幼儿的判断和推理能力。

训练说明

- **计数练习**

  计数练习主要是帮助宝宝形成数的概念，认识10以内的自然数和零，指导宝宝学会100以内的口头数数，教宝宝学会手口一致点数实物并能说出总数，理解数的结果并会用数词来表示；学习10以内数的分解组合等。

- **计算能力**

  年龄稍大些的幼儿可以通过适当学习一些数的运算知识，较好地了解周围事物中存在的数量关系，发展初步的逻辑思维能力。

- **认识几何图形**

  认识几何图形的练习是指导宝宝学会辨认常见的平面图形和立体图形，并说出它们的名称。这不仅有助于宝宝形成空间概念，有助于宝宝对数的理解，也能促进宝宝的观察力、想像力和创造力的发展。

- **辨别方位**

  辨别方位是教宝宝辨别物体的上下、前后和左右等空间位置，使宝宝获得初步的空间知识，发展宝宝的空间知觉和空间想像力。

找朋友

★ **材料准备**

苹果、香蕉各若干，果盘两个。

★ **训练要点**

1. 在两个果盘里分别放上一个苹果，一个香蕉，将剩下的两种水果混放在一起。
2. 告诉宝宝："果盘里的水果想找到自己的朋友。"
3. 请宝宝将两种水果分别放在两个果盘里，找到自己的朋友。

专家指导

1. 这一训练方案的目的是让宝宝练习物品分类。
2. 这一训练方案适合1岁6个月～2岁6个月的宝宝。
3. 也可用其他不同种类的物品代替水果，让宝宝练习分类。
4. 刚开始练习时宜给宝宝提供2～3种物品，以免种类过多而挫伤宝宝自信心。

贴心提示

练习完毕后，可和宝宝一起分享水果。既可让宝宝体会到成功的快乐，也可让他感知不同水果的味道。

蒙氏·心语

当我们探讨人类和环境之间的关系时，我们发现，与其说是人去适应环境，倒不如说是人创造一个环境来适应自己。

寻宝贝

★ 材料准备

小篮子（小袋子或小桶）一个。

★ 训练要点

1. 带领宝宝外出散步时，提示宝宝捡拾一些自己感兴趣的东西，如：不同形状的树叶、败落的花朵、花瓣和小石头等。
2. 回到家中，请宝宝把拾到的"宝贝"放在预先准备的小篮子里。
3. 让宝宝展览自己的"宝贝"，说出它们的名称，并指导宝宝对物品进行分类。

专家指导

1. 这一训练方案的目的是让宝宝学习按物品的种类进行分类。
2. 这一训练方案适合1岁6个月～3岁的宝宝。
3. 家长可与宝宝一起捡拾"宝贝"，对2岁左右的宝宝，家长可示范物品归类，对3岁左右的宝宝，家长可指导其进行归类。
4. 也可利用家中的一些物品作为幼儿练习分类的材料，如：不同的干果、糖果等。

贴心·提示

避免宝宝在户外捡拾一些危险物品，如碎玻璃，以免扎伤手指。

蒙氏·心语

孩子对环境美丑的直觉是非常敏锐的。

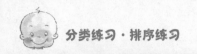

找出不一样的物品

★ 材料准备

水果图片一套，动物图片一套。

★ 训练要点

1. 在一套水果图片中放入一张动物图片，出示给宝宝，请宝宝观察这套图片中有些什么，并选出不一样的图片。
2. 请宝宝说出从一套图片中挑出某张图片的理由，引导宝宝认识到它们是不同类的。
3. 再将一张水果图片放入动物图片中，用同样的方法让宝宝辨认出不同类的那张图片。

专家指导

1. 这一训练方案的目的是让宝宝学会区分不同类的物品。
2. 这一训练方案适合 2 岁 6 个月～3 岁的宝宝。
3. 要引导宝宝正确地说出挑出某种图片的理由：不是同类物品，不能放在一起。

贴心提示

刚开始练习时，宝宝可能挑出错误图片，家长也可让宝宝说说理由，再引导宝宝认识到同一类物品的共同属性，指导他找出正确的图片。

蒙氏心语

倘若我们必须在我们为孩子布置的环境里生活一天，我相信那一定会是一个非常痛苦的经历。

排一排

★ **材料准备**

长短不一的小木棍三根。

★ **训练要点**

1. 出示长短不同的木棍，让宝宝比一比，指出最短的和最长的木棍。
2. 请宝宝给木棍排队，最短的排在第一个，再排比它高一点的，最后排最高的。
3. 请宝宝说出顺序的规律，如，短的排前面，高的排后面，一个比一个高。

专家指导

1. 这一训练方案的目的是引导宝宝体验物体从矮到高的顺序关系。
2. 这一训练方案适合2岁6个月~3岁的宝宝。
3. 可让宝宝先用两个木棍比较长短和排序，再做此练习。
4. 也可让宝宝练习给高矮不同的娃娃排队进行游戏。

贴·心·提示

1. 如宝宝排不好，妈妈可先做示范，请宝宝模仿妈妈的方法排序。
2. 注意将小木棍打磨光滑，以免刺伤宝宝。

蒙氏·心·语

> 如果不给儿童提供帮助，如果忽视他的环境，那
> 他的精神生命将会处于持续的危险之中。

59

按大小排序

★ 材料准备

大小不同的球或纸团三个。

★ 训练要点

1. 给宝宝出示三个大小不同的球，请宝宝比一比，说一说，三个球中哪个最大，哪个最小。
2. 请宝宝先按照从大到小的顺序给球排排队，再按从小到大的顺序排一排，并引导宝宝说出：在队伍中，球一个比一个小（大）。
3. 请宝宝从中间往两边比，引导宝宝说出前面一个比中间的大（小），后面一个比中间的小（大）。

专家指导

1. 这一训练方案的目的是引导宝宝根据物体的大小进行排序。
2. 这一训练方案适合 2 岁 6 个月~3 岁的宝宝。
3. 刚开始练习时，家长可用另外三个大小不同的球做排序示范，宝宝可参照示范将球一个个排好或对应放在示范的球下面。
4. 这个时期的宝宝，思维具有单向性特点，不太容易区分中间的球和前后球的关系（如，比前面的球小，比后面的球大），家长可先让宝宝用中间的球先和其它两球进行两两比较，再说出三个球之间的关系。

贴心提示

等宝宝熟练后，可逐渐增加球的个数。

蒙氏心语

儿童是一个细心的观察者，他特别容易被成人的行为所吸引，进而模仿他们。

60

串 珠

★ 材料准备

两种不同颜色的珠子若干，串珠用的线绳一条。

★ 训练要点

1. 给宝宝出示两种不同颜色的珠子，先示范按照 ABAB 的排序将两种颜色的珠子串起来。
2. 引导宝宝观察并且说出这种排序的规律。
3. 请宝宝按照妈妈的方式练习串珠子。

专家指导

1. 这一训练方案的目的是让宝宝学习模仿某种形式给物体排序，同时发展宝宝的手眼协调能力。
2. 这一训练方案适合 2 岁 6 个月～3 岁的宝宝。
3. 等宝宝熟悉串珠的方法以后，可增加一种颜色，让宝宝按照 ABCABC 的规律进行串珠。
4. 也可让宝宝将串好的珠子做成项链，送给妈妈。

贴心提示

1. 珠子的孔不能过小，否则宝宝难以穿绳。
2. 要事先将珠子清洗干净。
3. 串珠完毕后，请宝宝收拾好散落的珠子。

蒙氏·心·语

任何教育的改革，必须以人为本，人自己必须成为教育的中心。

大小套碗游戏

★ **材料准备**

套碗玩具一套。

★ **训练要点**

1. 先出示大的碗，告诉宝宝："这是大的碗"；然后拿出小的碗并告诉宝宝："这是小的碗"。
2. 请宝宝分别按指令将大小碗递给家长。
3. 指示宝宝分别将不同的食品装在大小碗里。

专家指导

1. 这一训练方案的目的是让宝宝学习区分大小以及学习排列物品的序列。
2. 家长的指示性语言要明确，如"请宝宝把大碗给妈妈"或"给大碗里装上豆豆"等。
3. 家长可重复多种形式的练习，反复强化，加深宝宝对碗的大小的印象。
4. 在幼儿熟练的基础上，可以加大难度，再加上一个中等大小的碗练习。

贴心·提示

家长可以在日常生活中利用任何一个时机与幼儿进行比大小的练习，如区分大、小皮球。

蒙氏·心语

我们所谓的不干预孩子的学习尊重孩子的行动，必须在孩子本质上的发展臻于成熟之后才得以实行。

认识大小

★ 材料准备

不同大小的毛绒玩具、积木等若干。

★ 训练要点

1. 家长指着大小不同的玩具说："这是大×，这是小×。"，并要求宝宝重复一遍。
2. 取出两个大小不同的玩具，让宝宝辨认大小并向它们问好："大×，你好！"或 "小×，你好！"
3. 拿出积木，让宝宝按照从大到小的顺序层层垒高。

专家指导

1. 这一训练方案的目的是让宝宝初步学会辨认大小不同的物体，并按照"大"和"小"给物体排序。
2. 这一训练方案适合 1 岁 6 个月~2 岁的宝宝。
3. 可先引导宝宝将大小不同的两个物体放在一起比一比，摆一摆，再辨认其大小。
4. 也可以让宝宝自由摆弄积木，引导宝宝探索应该以怎样的顺序垒高，积木才不会倒下来。

贴心提示

练习过程中，提醒宝宝不要乱扔乱敲积木。

蒙氏心语

没有妥善照顾的孩子，会让将来的社会得到报应，因为他可能会成为未来社会中消极的个体并构成文明社会的障碍。

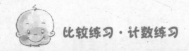

多和少

★ 材料准备

果盘两个，苹果五个。

★ 训练要点

1. 在一个果盘里放上一个苹果，在另一个果盘里放上四个苹果。
2. 指着一个苹果的果盘告诉宝宝："这里苹果少"，指着另一果盘告诉宝宝说："这里苹果多。"
3. 请宝宝指出哪个果盘苹果少，哪个果盘苹果多。
4. 引导宝宝分别点数两个果盘的苹果，并说出："一个苹果少，四个苹果多。"

专家指导

1. 这一训练方案的目的是让宝宝认识多与少。
2. 这一训练方案适合1岁10个月～2岁7个月的宝宝。
3. 根据宝宝掌握的熟练程度，可调整两个盘子里苹果的数量，让宝宝比较。

贴心提示

比较、辨别差异的经验是宝宝学习序列和形成数概念的必要条件，家长要通过多种形式的练习帮助宝宝确立对于多少、大小、长短等概念的认识。

蒙氏·心·语

数算练习告诉我们算术运算的原理，而不是单单的记忆和不断的演算。

一个和许多

★ 材料准备

五六个不同的水果，红、黄颜色盘子各一个。

★ 训练要点

1. 引导宝宝观察到水果的大小、颜色、形状都有不同。

2. 将一个水果放在红色的盘子里，另外的水果放在黄色的盘子里，问宝宝："红色的盘子里有几个水果？黄色的盘子呢？"引导宝宝说出一个水果和许多水果。

3. 说："黄色盘子里这么多水果，我们送一些到红色盘子里吧。"引导宝宝将水果一个个送到红色盘子里，边送边说："我送了一个（苹果），我送了一个（梨）……"直到黄色盘子里剩一个水果。

4. 请宝宝说一说哪个盘子有一个水果，哪个盘子里有许多水果，帮宝宝再次感知一个和多个的关系。

专家指导

1. 这个训练活动的目的是让宝宝通过视觉、触觉初步感知"一个"和"许多"的关系，并能用短句表达"一个…，许多个…"。

2. 这一训练方案适合2岁6个月~3岁的宝宝。

3. 练习过程中要引导宝宝完整地说出"一个…，许多个…"的句子。

4. 在认识许多个时，要引导宝宝感知到一个…一个…合起来就是许多。

贴心·提示

游戏结束后，家长与宝宝一起分享水果，享受成功的快乐。

蒙氏·心语

儿童具有秩序感。

数数 "1"、"2"

★ 材料准备

数量是"1"和"2"的玩具若干种。

★ 训练要点

1. 出示数量是一个的玩具，告诉宝宝："一个"，让宝宝用手指着玩具说："一个"。
2. 出示两个相同的玩具，家长做点数的示范："1、2，这是两个。"让宝宝也点数玩具，并说出总数。
3. 给宝宝发出指令，如："宝宝，请拿出两个玩具来"，让宝宝听指令找出相应数量的玩具。

专家指导

1. 这一训练方案是让宝宝练习从 1 数到 2，并能找出两个以内数量的实物。
2. 这一训练方案适合 2 岁~3 岁的宝宝。
3. 也可提供其他一些数量为 1~2 的物品让宝宝练习。

贴·心·提示

刚开始练习时，宝宝也许能正确点数，但数完后却不能说出总数，家长要耐心地进行示范指导，宝宝答对了，家长要积极进行鼓励。

蒙氏·心语

人的手十分精细和复杂，它不仅使心灵得以展现，还能使人跟整个环境建立一段特殊的关系。

手指配对

★ 训练要点

1. 先伸出两个手指，告诉宝宝："这是2"，让宝宝点数。

2. 告诉宝宝："伸出和妈妈同样的手指，来和妈妈的手指配对。"引导宝宝伸出同样的手指，和妈妈的手指比一比，看是否一样。

3. 改换另外两个手指，让宝宝继续练习。

4. 也可让宝宝伸出手指，让妈妈来配对。

专家指导

1. 这一训练方案的目的是让宝宝学习观察和配对，并对数字产生兴趣和敏感性。

2. 这一训练方案适合2岁6个月~3岁的宝宝。

3. 等宝宝熟悉后，妈妈可以用两只手，任意伸出手指，请宝宝练习配对。

贴心提示

1. 对于3以内的数字，要求宝宝能点数并准确辨认。

2. 对于3以上的数字，可让宝宝通过自己的手指和妈妈的手指配对形成初步印象。

蒙氏·心语

我们应该把这种儿童的神秘的力量当作某种神圣的东西。因为个人未来的个性正是在这个创造性的时期，被确定下来了。

开汽车

★ **材料准备**

贴有数字"1"、"2"、"3"的玩具汽车三辆，贴有相同数字的大方积木三块。

★ **训练要点**

1. 爸爸、妈妈和宝宝各持一辆贴有数字标记的玩具汽车。前方一段距离分别放着三个贴有相同数字标记的积木，代表×路车站。
2. 爸爸、妈妈和宝宝分别介绍自己是几路车的"司机"。
3. 爸爸当指挥，当喊到×路车时，持有相应数字玩具汽车的"司机"就要应答"嘀嘀，我是×路车司机，开车了。"做出开车的动作，向前行走。
4. 当爸爸喊道："×路车进站了"，×路车的"司机"要把车开到相应的"站台"前。

专家指导

1. 这一训练方案的目的是让宝宝认识数字"1"、"2"、"3"。
2. 这一训练方案适合2岁6个月～3岁的宝宝。
3. 玩一会儿后，爸爸、妈妈可和宝宝互换玩具汽车，让宝宝能练习不同的数字。
4. 也可让宝宝当指挥，发出指令。

贴心提示

在生活中，可随时给宝宝创造学数字的机会。比如，在等公交车时，可引导宝宝辨认站牌上的数字"1"、"2"、"3"。

蒙氏心语

在适宜的环境里，幼儿在工作中发展了一种技能和精确性，那是使我们十分欣慰的。

你一个，我一个

★ 材料准备

积木十块，乒乓球十个。

★ 训练要点

1. 把积木放在桌子中间，妈妈和宝宝坐在桌子两旁。妈妈说："我们来玩游戏吧，我一块，你一块，我们一起把这些积木分开。"
2. 妈妈拿出一块积木放在自己面前，说："我一块。"再拿出一块积木放在宝宝面前说："你一块。"依次将所有的积木分开。
3. 把积木重新聚在一起，让宝宝模仿妈妈的动作做一遍，并提示宝宝边说边拿，手口一致。
4. 用十个乒乓球让宝宝进行巩固练习。

专家指导

1. 这一训练方案的目的是让宝宝学习数量"1"，并初步感知许多东西可以分成一个一个的。
2. 这一训练方案适合 2 岁～2 岁 6 个月的宝宝。
3. 等宝宝熟练后，爸爸、妈妈和宝宝可一起参加游戏，把物品按"你一个、我一个、他一个"的顺序来分。

贴心·提示

家长示范时，动作不要太快，语言和动作要一致，让宝宝看清楚。

蒙氏·心语

从本质上来讲，儿童的爱是单纯的，他爱，是为了获得感官印象，这种印象又给他提供了生长的养料。

数小鸟

★ 材料准备

儿歌《数小鸟》。

★ 训练要点

1. 妈妈与宝宝面对面坐着，妈妈一边念儿歌，一边根据儿歌做小鸟飞等动作。当念到数小鸟时，可先一手握拳，然后依次从拇指开始逐渐打开拳头，直到五个手指头全张开，让宝宝理解语言和数字的关系。
2. 握住宝宝的手，一边念儿歌，一边做动作。
3. 让宝宝学习妈妈的方法边念儿歌边做动作。

数 小 鸟

小鸟展翅飞，飞呀飞上屋，

小鸟学跳舞，舞台是大树。

小鸟有几只，让我数一数，

数来又数去，一、二、三、四、五。

专家指导

1. 这一训练方案的目的是让宝宝通过游戏的方式学习数数 1～5。
2. 这一训练方案适合 1 岁 6 个月～3 岁的宝宝。
3. 对于较小的宝宝，不必要求他念儿歌，妈妈念儿歌的同时，可握着宝宝的手，带着宝宝做动作，让宝宝感受儿歌韵律即可。对较大的宝宝，可让宝宝一边和妈妈一起念儿歌一边做动作。

贴心提示

刚开始练习时，宝宝可能一下将拳头全打开，家长要耐心地教会宝宝配合儿歌里的数字依次打开手指。

蒙氏心语

爱不是原因，而是结果。

排列形状

★ 材料准备

圆柱体和正方体的积木各若干，圆盘一个，正方形的书一本。

★ 训练要点

1. 家长和宝宝一起坐在地板上。家长把一个圆盘放在地板上，对宝宝说："我们把积木围着圆盘放好，做个圆圈圈。"家长将圆柱体积木放在圆盘周围。

2. 放完积木后，家长将圆盘拿走，指着积木告诉宝宝："宝宝看，这是一个圆圈。"

3. 鼓励宝宝用相同的方法摆放圆圈。

4. 家长取来一本书，用同样的方法教宝宝认识正方形。

专家指导

1. 这一训练方案的主要目的是让宝宝认识圆和正方等形状。

2. 这一训练方案适合2岁~3岁的宝宝。

3. 等宝宝熟练以后，可让宝宝拿掉圆盘和书，尝试着自己摆放圆圈和正方形。

4. 也可用同样的方法教宝宝认识三角形。

贴·心·提示

可让宝宝找找生活中有哪些事物是圆的或是方的。

蒙氏·心语

我们应该谨记：儿童爱我们，而且还想服从我们。

帮图形回家

★ 材料准备

在硬纸板上画上圆形、三角形、正方形各一个，再将这些图形从纸板上完整地挖出来。

★ 训练要点

1. 将挖下来的各种图形出示给宝宝，分别告诉宝宝它们的名称。
2. 出示有各种形状空洞的纸板给宝宝，告诉宝宝："这些图形找不到家了，宝宝帮忙送它们回家吧。"
3. 引导宝宝将各种图形正确地镶入空洞中。

专家指导

1. 这一训练方案是让宝宝认识各种形状。
2. 这一训练方案适合2岁~3岁的宝宝。
3. 可让宝宝自由探索，镶嵌图形，也可让宝宝根据成人指令送图形回家，如，请宝宝"先送圆形回家，再送正方形回家。"

贴心提示

当宝宝拿错图形时，妈妈需耐心指导，但不能替代宝宝，要让宝宝自己探索并将图形套在正确的位置上。

蒙氏心语

尽管儿童的举止行为有比较大的自由，但总的说来，他们给人一种非常有纪律的印象。

认识前、后

★ 材料准备

毛绒玩具若干。

★ 训练要点

1. 引导宝宝给毛绒玩具排队，并说出句子：
   "××在××的前面"或"××在××的
   后面"。
2. 爸爸、妈妈和宝宝一起排队，鼓励宝
   宝说出每个人的位置关系，如妈妈在
   我前面，我在爸爸前面等。

专家指导

1. 这一训练方案是让宝宝初步辨别
   以自我或他人为中心的前、后位
   置关系。
2. 这一训练方案适合2岁3个月~3岁的宝宝。
3. 提示宝宝用完整的短句"××在××的前面（后面）"表达。
4. 排队时，家长可变换位置让宝宝重新辨认前后关系。

贴心·提示

宝宝一时不能完全准确表达时，请多作类似训练，通过耐心的提示，让宝宝顺畅掌握
本领，千万不要急于求成，更不要训斥宝宝。

蒙氏·心语

对幼儿来说，妈妈的声音是具有特殊意义的参照
点。

73

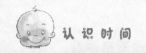

认识晚上

★ **材料准备**

表示夜晚的景物图片（图一）及宝宝睡觉的图片（图二）各一张。

★ **训练要点**

1. 出示图一，告诉宝宝："天黑了，晚上到了。"引导宝宝观察图片中有些什么，并教宝宝学会说："晚上，月亮（星星）出来了，路灯亮了"等句子。
2. 出示图二，引导宝宝观察图画中的小宝宝在干什么，让宝宝学会说："晚上，天黑了，小宝宝也睡觉了。"

专家指导

1. 这一训练方案的主要目的是让宝宝了解"晚上"的意思。
2. 这一训练方案适合 2 岁~3 岁的宝宝。
3. 还可启发宝宝说出其他晚上的特征。
4. 可通过相似的方式让宝宝认识早晨。

贴心提示

家长可在晚上带宝宝散步，引导宝宝观察星星、月亮、路灯等关于晚上的特征。

蒙氏心语

理解孩子对他们来说是莫大的希望，当你拍拍他或摸摸他的头，他们就会领会其中的善意，同时也为他们打开了爱的大门。

* 2 岁：能进行 5 以内的口头数数，能完成 3～5 以内的按物点数。

* 2 岁 6 个月：能对 4 以内的实物进行多少的比较，能利用数数的结果说出 3 以内的物体总数。

* 3 岁：能完成 15 以内的按物点数；能进行 9 以内的口头数数；能学会区别 1 和许多，能比较 2～3 个物体之间的大小和长短；能认识圆形、方形的具体实物；能在成人的指导下把物体按颜色或形状分类；能辨别身体各部位的空间位置，认识上下、前后；大致了解早上、白天和晚上的时间区别。

语言能力培养

　　蒙特梭利认为语言是出生后从环境中得来的，婴幼儿时期是语言发展的敏感期，对宝宝进行语言能力的培养是非常重要的。早期语言教育主要包括以下四个方面的训练：

训练说明

蒙特梭利认为语言是出生后从环境中得来的，婴幼儿时期是语言发展的敏感期，对宝宝进行语言能力的培养是非常重要的。早期语言教育主要包括以下四个方面的训练：

● **听一听**

倾听是语言教育的第一步，也是宝宝语言学习过程中不可缺少的一部分。早期语言教育对宝宝倾听行为的训练重点应放在指导宝宝对语音、语调的感知以及对语义的理解上，同时还要培养宝宝良好的倾听习惯。

● **学一学**

学一学是让宝宝练习正确的发音，初步掌握常见事物的名称、方位词及人称代词，学习正确运用动词和句型。

● **说一说**

说一说主要训练宝宝的语言表述能力，帮助宝宝正确、恰当地进行口语表达，初步学习常见的交往语言和礼貌用语。

● **读读、写写**

读读、写写是指导宝宝进行早期阅读活动并为书写做准备，是帮助宝宝接近书面语言的教育过程。阅读训练主要是帮助宝宝掌握早期阅读的基本技能，能初步看懂幼儿图画书，引导宝宝乐意观察各种符号，产生对文字的好奇感和探索愿望。

给宝宝念儿歌

★ 材料准备

收集一些好听的儿歌。

★ 训练要点

1. 结合宝宝的日常生活念儿歌。如，宝宝入睡前可念儿歌："月亮困了，睡在天边，星星困了，不眨眼睛；小鸟困了，飞回窝里，宝宝困了，睡在摇篮。"

2. 结合不同主题内容，给宝宝念儿歌，如，教宝宝认识五官，可念儿歌："宝宝有双大眼睛，远近高低看得清；宝宝有只小嘴巴，会吃东西会说话；宝宝有个小鼻子，会闻味道会呼吸。"边说边指一指宝宝的相应部位。

专家指导

1. 这一训练方案的目的是发展宝宝听力及对语言的理解能力，同时还能培养宝宝对歌谣的兴趣。

2. 这一训练方案适合1岁6个月～3岁的宝宝。

3. 念儿歌时，父母可把宝宝抱坐在膝头或让宝宝平躺在小床上，眼睛注视着宝宝。

贴·心·提示

1. 同一首儿歌要多次重复，不要频繁更换内容，等宝宝对儿歌熟悉后，再更换一首新的。

2. "念儿歌"是宝宝特别喜欢的形式，父母平时应注意收集一些好听的歌谣备用。

蒙氏·心·语

反反复复地做同一件事情，不是孩子天生就喜欢的，但是在重复的过程中，孩子熟能生巧。

 听 一 听

妈妈说，宝宝做

★ 材料准备

一些小型玩具。

★ 训练要点

1. 妈妈对宝宝说："我们来玩一个游戏，先听妈妈说话，宝宝根据妈妈的话来做动作。"
2. 妈妈发出指令："请将双手放在膝盖上"，"请拍拍手"，"请你摸摸头"，"请你原地转两圈"，让宝宝根据指令做相应动作。
3. 让宝宝执行包含方位词的指令。如："把玩具放在桌子上"，"把玩具放在盒子里"。

专家指导

1. 这一训练方案的目的是让宝宝能专注倾听成人讲述的内容，根据指令做出相应动作，并初步掌握一些方位词。
2. 这一训练方案适合 2 岁～3 岁的宝宝。
3. 对年龄偏小的宝宝，家长的指令要慢，也可给宝宝一些动作提示；对年龄偏大的宝宝，可快速地发出指令，让宝宝迅速做出反应。

贴心提示

宝宝熟悉此游戏后，也可交换角色，让宝宝发出指令，家长按指令做动作，这样可能更会激发宝宝游戏的兴趣。

蒙氏·心语

从出生一开始的教育，是一种对生命必要的帮助。

听听我是谁

★ **材料准备**

一些动物卡通图形。

★ **训练要点**

1. 给宝宝出示动物卡通图形，让宝宝分别辨认这些动物并说出名称。

2. 妈妈学某种小动物的叫声，让宝宝根据叫声找出相应的动物卡通图形并说出它的名称。

3. 妈妈学某种小动物的叫声，让宝宝说出动物的名称并模拟其动作。

专家指导

1. 这一训练方案的目的是让宝宝能根据声音找到相应的实物，培养宝宝的视听能力。

2. 这一训练方案适合1岁6个月~2岁6个月的宝宝。

3. 刚开始练习时，家长可一边学动物叫，一边模拟动物动作，提示宝宝。

贴·心·提示

可在生活中让宝宝留意各种声音，如，下雨的"嘀哒"声，刮风的"呼呼"声等，也可收集一些关于声音的磁带，提高宝宝的听觉能力。

蒙氏·心·语

孩子的精神比一般人认为的更为高尚。

猜猜我是谁

★ 材料准备

童话故事《猜猜我是谁》。

★ 训练要点

1. 妈妈给宝宝讲童话故事《猜猜我是谁》，一边讲一边模仿故事中小动物的动作。
2. 等宝宝熟悉故事以后，可和宝宝分角色演这个故事，妈妈和宝宝轮流当客人，模仿小动物叫声，让对方猜猜是谁。

专家指导

1. 这一训练方案的目的是培养宝宝听故事的兴趣，并学习各种小动物的叫声。
2. 这一训练方案适合2岁～3岁的宝宝。
3. 妈妈每次讲到敲门声时，可停下来，让宝宝猜猜"这是谁呀？"再接着往下讲。

贴心提示

妈妈可改编故事，模拟其它小动物的叫声或宝宝熟悉的人的说话声，让宝宝猜猜是谁。也可由宝宝改编故事，让妈妈猜。

猜猜我是谁

小兔子有许多好朋友。

一天早晨，有人来敲门："当当当！" 小兔子赶忙问："是谁啊？""嘎嘎嘎，是我呀！请你猜猜我是谁？"小兔子说："我知道，你是小鸭，快请进。"

过了一会，"当当当！"又有人来敲门。小兔子赶忙问："是谁啊？""汪汪汪，是我呀！请你猜猜我是谁？" 小兔子说："我知道，你是小狗，快请进。"

又过了一会，"当当当！"又有人来敲门。小兔子赶忙问："是谁啊？""喵喵喵，是我呀！请你猜猜我是谁？" 小兔子说："我知道，你是小猫，快请进。"

小兔子、小鸭、小狗、小猫，四个好朋友在一起唱歌、跳舞、做游戏，大家玩得真快乐。

蒙氏·心语

尊重孩子正在进行的所有合理的活动并试着了解，是我们教育方法中最首要的原则。

高高兴兴上幼儿园

★ 材料准备

童话故事《高高兴兴上幼儿园》。

★ 训练要点

1. 给宝宝讲故事《高高兴兴上幼儿园》。
2. 提问宝宝："故事里有谁呀？他们要到哪里去？他们在幼儿园里干什么呀？"
3. 提问宝宝："宝宝在幼儿园里干什么呀？"鼓励宝宝也像小红、小宝、小明那样高高兴兴上幼儿园。

专家指导

1. 这一训练方案既能培养宝宝安静听故事的习惯，还能为宝宝高高兴兴上幼儿园做好心理准备。
2. 这一训练方案适合2岁~3岁的宝宝。
3. 这个年龄段的宝宝喜欢重复听故事，等宝宝熟悉故事后，妈妈可故意在某些情节上停顿或提问，如，"半路上小红遇到……谁了呀？"让宝宝回答。
4. 可将故事中的主人公换成宝宝喜欢的小动物。

贴心提示

为防止宝宝刚进幼儿园时因为不习惯而哭闹，家长可通过故事的方式让宝宝喜欢幼儿园，也要找机会带宝宝参观幼儿园，让宝宝喜欢、盼望上幼儿园。

蒙氏·心语

促成人类建立爱心的动力是本能，也是生命创造力的原动力。

高高兴兴上幼儿园

幼儿园开学了，许多小朋友都要到幼儿园去。

小红早早起了床，催着妈妈赶紧送自己去幼儿园。半路上，遇见了小宝和他的爸爸，小红问："小宝，你到哪儿去？"小宝说："我上幼儿园。"小红说："我们一起走吧。"走了一会儿，他们又碰到小明和他的妈妈，小宝赶忙问："小明小明，你到哪儿去？"小明回答说："我上幼儿园。""我们一起去吧！"三个好朋友高高兴兴地一起去幼儿园了。

在幼儿园里，许多小朋友一起唱歌、跳舞、做游戏，玩得真开心。

指认五官

★ 材料准备

大镜子一面，人脸图（或大照片）一幅。

★ 训练要点

1. 和宝宝并列站在大镜子前，妈妈分别并指着宝宝的五官做介绍："这是宝宝的眼睛，这是宝宝的鼻子……"并让宝宝学说"眼睛"、"鼻子"等词。
2. 和宝宝面对面坐着，妈妈依次指自己的五官，边指边说出名称。
3. 出示人脸图，教宝宝指认五官并说出这些词。
4. 让宝宝在镜子前，指认自己的五官。

专家指导

1. 这一训练方案的目的是让宝宝学习认识五官。
2. 这一训练方案适合 1 岁 3 个月～1 岁 7 个月的宝宝。
3. 也可和宝宝玩"找五官"的游戏，妈妈说出五官名称，让宝宝根据名称迅速指出自己的相应部位。

贴心提示

可提供玩具娃娃让宝宝练习，宝宝指认正确时，妈妈要给予鼓励。

蒙氏·心语

我们肩上背负的责任重大，必须小心谨慎地了解可能会泯灭孩子精神的原因，并要融入孩子的世界。

拉大锯

★ **材料准备**

儿歌《拉大锯》

★ **训练要点**

1. 家长和宝宝手拉手相对而坐。
2. 家长教宝宝念儿歌《拉大锯》，一边念，一边随着儿歌和宝宝一起做"拉大锯"的前倾与后仰动作。

> **拉 大 锯**
>
> 拉大锯，拉大锯，
>
> （手拉手做前倾与后仰动作）
>
> 姥姥家门前唱大戏。
>
> （手拉手做前倾与后仰动作）
>
> 你也去，我也去，
>
> （分别用食指指着对方和自己）
>
> 大家一起去看戏。
>
> （分别在胸前左侧和右侧做拍手动作）

专家指导

1. 这一训练方案的目的是教会宝宝正确发n、l、j、q、x等音，培养宝宝与他人协调动作的能力。
2. 这一训练方案适合2岁~3岁的宝宝。

贴心提示

1. 要注意纠正宝宝念儿歌时的不正确发音。
2. 游戏活动中，指导宝宝动作的方向与速度要与成人保持一致。

蒙氏·心语

> 我们基本的教育观念是：我们绝不能变成孩子发展的障碍。

85

神秘箱

★ 材料准备

小纸箱一个（或方巾一块）、三种常见的水果
各一个（苹果、香蕉、桔子等）。

★ 训练要点

1. 事先将水果放在小纸箱里，或用方巾将
   这些水果盖起来。
2. 将小纸箱拿到宝宝面前，问："里面有很好吃的东西，想知道是什么吗？"
3. 三阶段教学
（1）命名：家长逐一取出箱中物品，分别给它们命名。请宝宝看看、摸摸、闻闻，
    加深其印象。
（2）辨认：家长说出不同水果的名称，让宝宝逐一辨认，指出相应实物。
（3）发音：家中分别指着不同的水果，让宝宝说出其准确的名称。

专家指导

1. 这一训练方案的目的是在感知的基础上,利用三阶段教学法让宝宝掌握常见水果的名称。

2. 每一阶段的练习可多次重复，等宝宝熟悉后，方可进入下一阶段。

3. 训练宝宝发音之前，避免给宝宝看到箱中的物品，以激发宝宝的好奇心和探究兴
   趣。随着宝宝年龄的增加，游戏可不断复杂化。

4. 等宝宝熟悉发音后，也可和宝宝玩"少了一个"的游戏，让宝宝先看好出示的三种水
   果，然后闭上双眼，家长迅速拿走其中一种，让宝宝指出少了哪一种。

贴心提示

训练结束后，可和宝宝一起分享水果，让宝宝体会成功的快乐。

 蒙氏·心语

和其他动物相比较，婴儿在出生以后，要有更长
的一段时间需要别人的照顾。

86

我的用品

★ 材料准备

家中常用、常见的物品若干。

★ 训练要点

1. 第一阶段：命名。妈妈依次指着家里的三种物品并说出它们的名称，指导宝宝练习这三种物品名称的发音。
2. 第二阶段：辨别。妈妈说出三种物品的名称，让宝宝逐一辨认。如，"指一指门在哪里？"或"宝宝，走到床边去，好吗？"
3. 第三阶段：发音。妈妈指着三样物品，让宝宝说出其名称，练习发音。

专家指导

1. 这一训练方案的目的是让宝宝学习门、床等家中用品的发音。
2. 这一训练方案适合 1 岁 3 个月～2 岁的宝宝。
3. 可运用三阶段教学法，每次针对三样物品进行练习，逐步扩大宝宝的词汇量。

贴心·提示

宝宝从 1 岁 6 个月开始进入学习名词的敏感期，父母要注意引导宝宝对身边的东西多看、多听、多触摸，用感觉积累经验，增加词汇。

蒙氏·心语

如果你懂得了孩子的语言，他们会与你更接近。因为你这里有他需要的帮助，他会对你产生异样的亲切感。

学习量词

★ 材料准备

儿歌《小猫过生日》,一个桃,几粒米,一条玩具鱼,一根玩具骨头(或图片)。

★ 训练要点

1. 给宝宝念儿歌,可重复几次,让宝宝熟悉儿歌内容。
2. 提问宝宝:"小猴送的什么?"引导宝宝回答:"一个桃子。"依次提问小鸡、小狗、小鸭各送了什么礼物,让宝宝回答出量词几粒(根、条)。
3. 让宝宝猜猜小猫收到礼物后会说什么。
4. 出示桃、米、鱼、骨头的实物(或图片),引导宝宝说句型:这是一个桃子、这是一条鱼⋯⋯

小猫过生日

小猫咪咪过生日,

朋友前来送贺礼。

小猴送个大桃子,

小鸡送来几粒米,

小狗送根肉骨头,

小鸭送条大鲤鱼,

⋯⋯

小猫应该说什么?

请让我来考考你。

专家指导

1. 这一训练方案的目的是指导宝宝学说个、粒、根、条等量词。
2. 这一训练方案适合 2 岁 6 个月～3 岁的宝宝。
3. 等宝宝熟练以后,妈妈和宝宝可以续编儿歌,增加其他一些用不同量词表示的物品。

贴心提示

应注意借助日常生活丰富宝宝的相关量词,并及时纠正宝宝话语中的一些错误量词。

蒙氏心语

所有儿童都有吸收文化的能力。

做个好朋友

★ **材料准备**

儿歌《做个好朋友》。

★ **训练要点**

1. 教宝宝念儿歌《做个好朋友》。
2. 和宝宝相对坐着，一边念儿歌一边根据内容做动作，如：点头、拉勾勾等。
3. 邀请其他小朋友和宝宝一起念儿歌，一边念一边做动作。

> **做个好朋友**
>
> 小指头，点点头，
>
> 牵牵手，拉拉勾。
>
> 拉勾勾，笑一笑，
>
> 大家都是好朋友。

专家指导

1. 这一训练方案的目的是让宝宝学习儿歌《做个好朋友》，感受和同伴一起玩的快乐。
2. 这一训练方案适合 1 岁 8 个月~2 岁 5 个月的宝宝。
3. 刚开始练习时，可由家长念儿歌，宝宝做动作，当宝宝逐渐熟悉以后，可和家长一起念儿歌。

贴心提示

宝宝 1 岁以后，开始喜欢和小伙伴接触，多创造机会让宝宝跟其他小朋友一起玩，有助于宝宝情感和社会性的发展。

蒙氏心语

> 儿童有一种特殊的敏感性，促使他去吸收周围的一切。

开火车

★ 材料准备

电动小火车玩具一个。

★ 训练要点

1. 让宝宝玩火车玩具，模仿火车，发出"呜呜"的声音。
2. 对宝宝说："我们来开火车吧。"爸爸、妈妈和宝宝一字站开，前面一人当火车司机，后面的人依次拉着前面一人的衣服，当乘客。
3. "火车司机"说："火车开动了。"带领大家向前走，一边走，一边"呜呜地"模仿火车的鸣笛声。走到房间某处时，"火车司机"可说："现在到达××站，请下车。"稍后，继续带着大家向前开。

专家指导

1. 这一训练方案的目的是让宝宝学习火车发出的"呜呜"声，同时，练习行走能力。
2. 这一训练方案适合1岁4个月～2岁5个月的宝宝。
3. "火车"开动前，乘客可先告诉司机要到达的目的地（如：客厅、书房等），由"司机"带领大家前进到目的地，"乘客"分别下车。
4. 可根据宝宝年龄和能力提出相应的要求，如宝宝年龄偏小，可只让宝宝学习"呜呜"地发音，跟着成人前进即可。对年龄较大宝宝，可让他当火车司机，按成人的要求达到目的地，并正确报站名。

贴·心·提示

"开火车"时，速度不要过快，以防宝宝跟不上而跌倒。

蒙氏·心·语

听力及视力是开启心智之门。

我的小手

★ 材料准备

儿歌《两只手》。

★ 训练要点

1. 教宝宝说儿歌《两只手》

2. 和宝宝一起伸出手，请宝宝说一说，宝宝的手和妈妈的手上都有什么（手指头），以及每个人有几只手（两只）等话题。

3. 引导宝宝辨认他的手心手背，再让宝宝辨认家长的手心手背。

4. 伸出手掌和宝宝的手相对贴在一起，让宝宝比一比，看谁的手大，谁的手小。

两 只 手

我有两只小小手，

握成两个小拳头，

小拳头，伸出来，

变出十个小朋友。

小朋友，真是乖，

快快伸到水里来，

擦擦香皂洗一洗，

小手洗净白又白。

专家指导

1. 这一训练方案是让宝宝认识手，学说儿歌《两只手》。

2. 这一训练方案适合 2 岁～2 岁 6 个月的宝宝。

3. 等宝宝熟悉儿歌后，可和宝宝一边念儿歌，一边做相应的动作。如握紧拳头，张开十个手指或做洗手的动作。

贴心·提示

可告诉宝宝一些关于手的基本卫生知识，如不吮吸手指，饭前便后要洗手等。

蒙氏·心语

儿童并非弱者，他们有足够的智慧。

奇妙的口袋

★ 材料准备

一个布口袋，内有尺子一把、蜡笔一支、橡皮一块。

★ 训练要点

1. 妈妈将事先装好尺子、蜡笔、橡皮等物品的口袋出示给宝宝。
2. 逐一从口袋中取出物品，分别告诉宝宝它们的名称。
3. 妈妈说出名称，请宝宝按指令从三种物品中分别辨认出橡皮、蜡笔、尺子。
4. 妈妈逐一指着三种物品，让宝宝说出相应的名称。

专家指导

1. 这一训练方案的目的是让宝宝能根据名称找出相应的物品，培养其听力的准确性和辨别力。
2. 这一训练方案适合 2 岁～3 岁的宝宝。
3. 妈妈可在给物品命名时，应对物品一些特征进行描述，如"蜡笔是细细的，可用来画画"，"橡皮是四方形的"等，增加宝宝对各种物品的认识，加深其印象。
4. 等宝宝熟悉后，可用其他物品替换。

贴心提示

口袋里的物品以 3～4 样为宜，可根据宝宝练习情况更换物品。

蒙氏·心语

声音、微笑和眼神，会成为彼此间的特殊沟通。

小小传话员

★ 材料准备

喇叭状纸筒一个（自制）。

★ 训练要点

1. 妈妈和爸爸相隔一段距离而坐，告诉宝宝，请他当爸爸、妈妈的传话员。
2. 妈妈将纸筒附在宝宝耳边，对着纸筒轻声说一句话，请他转告给爸爸。
3. 宝宝走到爸爸面前，轻声将妈妈的话告诉他。
4. 爸爸大声说出宝宝转达的话，说对了，妈妈可以鼓鼓掌；说错了，妈妈摇摇头，让宝宝重新转达一次。

专家指导

1. 这一训练方案的目的是提高宝宝的听力及口语表达能力，同时锻炼其记忆力。
2. 这一训练方案适合1岁6个月～2岁6个月的宝宝。
3. 爸爸在重复时，不要模仿宝宝的不正确发音及错误的词语，而应给予正确的示范。
4. 注意宝宝在传话中人称代词的转换，如妈妈说："告诉爸爸，请他来吃饭。"宝宝传话应为："妈妈请你去吃饭。"
5. 活动进行几次后，爸爸、妈妈可与宝宝互换角色继续游戏。

贴心提示

在日常生活中，父母要有意识给宝宝创造练习说话的机会，宝宝说话时要让他独立地表达，不要代替他说话。

蒙氏·心语

我们教育体系的一个明显的特征是对儿童人格的尊重，并达到前所未有的程度。

应答歌

★ **材料准备**

收集一些问答式儿歌。

★ **训练要点**

1. 妈妈先教会宝宝问答歌。
2. 采用一问一答的形式练习儿歌：妈妈说上句，宝宝答出下一句。

儿 歌

小猫怎么叫？小猫喵喵叫。

小狗怎么叫？小狗汪汪叫。

小鸡怎么叫？小鸡叽叽叫。

小鸭怎么叫？小鸭呷呷叫。

青蛙怎么叫？青蛙呱呱叫。

老鼠怎么叫？见到小猫吱吱跑。

专家指导

1. 这一训练方案的目的是通过一问一答的方式让宝宝学习儿歌，激发朗诵儿歌的兴趣。

2. 这一训练方案适合2岁6个月～3岁的宝宝。

3. 在进行问答游戏时，可边朗诵儿歌边拍手打节奏，还可加入肢体动作来模仿儿歌中的小动物。

贴心提示

可通过自编的一些问答式儿歌，教会宝宝一些常识，如以儿歌形式教宝宝分辨叔叔、舅舅等各种称呼。

蒙氏心语

孩子不能从环境中得到回应，与外界互动的机会就会遭受剥夺。

理解代词

★ **材料准备**

提前想好一些适合本训练的句子。

★ **训练要点**

1. 给宝宝念以下句子，让宝宝判断，帮助宝宝理解代词。
   (1) 妈妈对奶奶说："我要去商店。"
   (2) 爸爸对妈妈说："我要去上班了。"
   (3) 小猫对小狗说："送你一块肉。"
   分别提问宝宝"谁要去商店？""谁要去上班？""小猫送谁一块肉呀？"等问题，引导宝宝正确回答。

2. 提问宝宝："你叫什么名字（你在干什么）？"引导宝宝用"我叫（在）……"的句型回答，帮助宝宝学会代词的转换。

专家指导

1. 这一训练方案的目的是让宝宝掌握代词"我""你"。

2. 这一训练方案适合2岁~3岁的宝宝。

3. 等宝宝对代词"你""我"熟练以后，可增加有关代词"他"的句型让宝宝练习。

贴心提示

这个年龄段的宝宝常常不分"你""我"，家长要采用多种方式加强宝宝对代词的理解，如和宝宝的对话可用"你"代替"宝宝"，用"我"代替"妈妈"。

蒙氏·心语

日常生活中的家事，儿童都非常喜欢参与。

自我介绍

★ **材料准备**

宝宝熟悉的动物玩具若干。

★ **训练要点**

1. 妈妈拿出一只玩具小兔，模仿它的语气和动作说："我是小白兔，走路蹦蹦跳，红红的眼睛，短尾巴，爱吃萝卜和蘑菇。"
2. 让宝宝来介绍自己，请宝宝说出自己的名字、年龄、爱好等。妈妈可以和玩具动物一起给宝宝当听众。
3. 让宝宝模仿小动物的声音，介绍他喜欢的小动物。

专家指导

1. 这一训练方案的目的是让宝宝练习能围绕主题谈话，能用短句清楚地表达自己的意思。

2. 这一训练方案适合2岁6个月～3岁的宝宝。

3. 刚开始练习时，可给宝宝一些内容提示，如问宝宝"你叫什么名字？"等，但要求宝宝用完整的句子表达而不要用单个的词，即要说"我叫××"，不要说"××"。

4. 宝宝作完介绍后，可给他鼓鼓掌，鼓励宝宝大胆表达。

贴心提示

可让宝宝在客人面前做自我介绍，有助于宝宝自信心的建立和社会交往能力的发展。

蒙氏·心语

有了实际工作的经验，幼儿的自我就会逐渐发展强化。

我的一家人

★ 材料准备

全家人的照片一张，家人的生活照若干。

★ 训练要点

1. 出示有全家人的照片，让宝宝辨认照片中的人分别是谁，告诉宝宝："我们是一家人。"
2. 引导宝宝谈论与家人有关的话题，如：妈妈是干什么的，平时谁送你上幼儿园，爷爷最爱干什么等。
3. 出示家人的生活照，让宝宝说说照片上是谁，他们在干什么。
4. 告诉宝宝家里的每个人都很关心宝宝，爱护宝宝。

专家指导

1. 这一训练方案的目的是让宝宝认识到"家"有不同的成员，家人应该互相关心，互相照顾，宝宝的语言表述能力也同时得到了提高。
2. 这一训练方案适合 2 岁 6 个月~3 岁的宝宝。
3. 让宝宝明白家庭成员之间的关系，如爷爷是爸爸的爸爸，舅舅是妈妈的哥哥（弟弟）等。
4. 也可让宝宝谈一些爸爸、妈妈以及其他家人如何爱宝宝的事例，鼓励宝宝也爱家人，帮家人做一些力所能及的小事。
5. 鼓励宝宝用完整的句子表达。

贴心提示

可在家里有客人来时，让宝宝拿出全家福的照片向客人作介绍。

蒙氏·心语

在帮助孩子健全发展的过程中，最常被人忽视的，就是人性的特质——孩子精神上的需要。

说一说

奇妙的录音机

★ **材料准备**

录音机一台，空白磁带一盒。

★ **训练要点**

1. 出示录音机，告诉宝宝："这是录音机，它会学宝宝说话呢！"
2. 用录音机将宝宝说的话录下来，放给宝宝听，问宝宝："它学得对吗？"
3. 对宝宝说："现在爸爸是录音机，也会学宝宝说话，我们来试试吧。"让宝宝说话，爸爸将宝宝说的话重复一遍。
4. 宝宝来当录音机，重复爸爸的话。

专家指导

1. 这一训练方案的目的是让宝宝能重复成人所说的词和句子，同时认识录音机的基本功能。
2. 这一训练方案适合 2 岁~2 岁 6 个月的宝宝。
3. 也可准备一些有各种声音的磁带，如，汽车声、各种动物的叫声，让宝宝辨别并模仿。
4. 可用录音机将爸爸、妈妈和宝宝的声音录下来，让宝宝辨别这是谁的声音。

贴心·提示

可由说简单的字或词开始，逐渐增加难度，让宝宝去练习模仿成人的话。

蒙氏·心语

协助儿童，能使你们之间建立起更亲密的关系。这胜过一般的感情，因为你不仅给了他安慰，更给予了他们实际的帮助。

打电话

★ 材料准备

玩具电话一个。

★ 训练要点

1. 出示玩具电话，告诉宝宝："我们来打电话，好吗？"
2. 拿起玩具电话，对宝宝说："喂喂，你好！是宝宝吗？妈妈在给你打电话，你在干什么呢？"引导宝宝用正确的方式接听电话。
3. 请宝宝主动给妈妈打电话，并引导宝宝学用礼貌用语"你好"。
4. 和宝宝一起说儿歌：两个小娃娃，正在打电话，喂喂喂，你在干什么？哎哎哎，我在哄娃娃。

专家指导

1. 这一训练方案的目的是训练宝宝的语言表达能力，帮助宝宝学会礼貌地接听电话。
2. 这一训练方案适合1岁9个月~3岁的宝宝。
3. 通电话时，家长可刻意向宝宝提问，让宝宝回答，训练宝宝的语言表达能力。

贴心提示

可尝试让宝宝接听家人的电话，或在与朋友通电话时，鼓励宝宝通过电话向朋友问好。

蒙氏·心语

最明显的，孩子从游戏中能获得很多乐趣。

宝宝学读书（1）

★ 材料准备

《婴儿画报》或其他图画书若干。

★ 训练要点

1. 宝宝坐在妈妈怀里，和妈妈一起看图画书。
2. 妈妈一页页翻书，并指着书里的图画分别向宝宝作介绍。
3. 让宝宝自己翻书，妈妈指着书里的图画让宝宝说出其内容。

专家指导

1. 这一训练方案的目的是让宝宝学习翻书，并能说出书中事物的名称。
2. 这一训练方案适合1岁6个月~2岁6个月的宝宝。
3. 妈妈要反复示范一页页翻书，并引导宝宝观察每页图画的内容。

贴心提示

应选择一些色彩鲜艳，画面简单，纸张略厚的图书，刚开始时，可用撕不破的图书让宝宝练习。

蒙氏心语

我们的教学方法只有一个，就是必须维持孩子们的高度兴趣和强烈持续的注意力。

100

宝宝学读书（2）

★ 材料准备

宝宝的图画书一本。

★ 训练要点

1. 妈妈出示图书，引导宝宝认识图画书的封面、封底。再让宝宝观察封面，告诉宝宝封面上的字是书的名字，并请宝宝跟着妈妈一起念一遍。

2. 要求宝宝按照顺序从前到后一页页地翻书，先看左边，再看右边的图画。妈妈要一边翻书，一边讲述书里的故事。

3. 通过提出问题，帮助宝宝巩固翻阅图书的基本方法以及对图书结构的认识。如，指着书的封面问"这是书的什么"或"宝宝应该怎样翻书"等问题。

专家指导

1. 这一训练方案的目的是教宝宝学习翻阅图书的基本方法，引导宝宝认识书的结构。

2. 这个训练方案适合 1 岁 6 个月～3 岁的宝宝。

3. 妈妈讲故事时，可让宝宝指着图画书里相应的画面。

4. 练习几次后，家长可引导宝宝自己翻阅图画书，家长注意观察幼儿翻阅图画书的情况，纠正幼儿看书的不良姿势。

贴心·提示

提示宝宝轻轻翻书，不能乱撕乱扔。

蒙氏·心语

孩子天生就能够改进他们的行为，而且他们也喜欢这样。心理学家说，孩子必须游戏，因为借着游戏，孩子的发展才能更趋完善。

读读、写写

找小狗

★ **材料准备**

婴儿图画书一本（内容中有小狗的图画书）。

★ **训练要点**

1. 出示图画书，翻到有小狗的那一页，给宝宝看，引起宝宝兴趣。

2. 当着宝宝的面合上图画书，对宝宝说："小狗藏起来了，看不见了，我们去把它找出来吧。"家长一页页翻图画书，当翻到有小狗的那一页时，表现出很惊喜的样子说："啊，小狗在这里呢！"

3. 给宝宝看书中的图画，请宝宝说说图画书中的小狗在做什么。

4. 合上书，让宝宝用同样的方法找到小狗。

专家指导

1. 这一训练方案的目的是让宝宝练习翻书的正确方法，训练宝宝精细动作的发展。

2. 这一训练方案适合 1 岁 6 个月～2 岁 6 个月的宝宝。

3. 练习的过程中，要注意提醒宝宝要一页页地翻书。

4. 也可让宝宝以同样的方式寻找书中其他事物。

5. 妈妈可一边讲故事，一边引导宝宝练习一页页翻书。

贴心提示

提醒宝宝不要乱扔或乱撕图画书，养成爱惜书的好习惯。

蒙氏心语

成人的幸福与否是与他在儿童时期所过的那种生活紧密相连的。

添画雨丝

★ 材料准备

蜡笔、空白画纸若干。

★ 训练要点

1. 家长先在画纸上画上一些树、撑着伞的娃娃或小动物等图案，对宝宝说："宝宝看，下雨了，我们来画些雨丝吧。"
2. 用笔示范在画纸上画一些短竖线做雨丝。
3. 引导宝宝用同样的方法添画雨丝。

专家指导

1. 这一训练方案的目的是锻炼宝宝的手部控制能力，培养其画画的兴趣。
2. 这一训练方案适合 1 岁 6 个月～2 岁 6 个月的宝宝。
3. 刚开始握笔时，家长可握着宝宝的手，和宝宝一起画。

贴心提示

1. 2 岁左右的宝宝还处于随意涂鸦阶段，家长要鼓励宝宝多进行握笔和画画的活动，锻炼他的手部控制能力，为以后的写字和画画做准备。
2. 刚开始练习时，宝宝会不按照要求画竖线，而是杂乱地画，家长要耐心地引导宝宝多作练习。

蒙氏·心语

孩子越能够专心，就越能从工作中得到平静，就越能发自内心地遵守纪律或规则。

画米粒

★ **材料准备**

蜡笔和空白画纸若干。

★ **训练要点**

1. 妈妈先在画纸上画上碗等图形，告诉宝宝："我们来给碗里放上一些米饭吧。"
2. 妈妈示范用笔在图中的碗里点小点，告诉宝宝小点用来代表米粒。
3. 让宝宝尝试自己握笔添画米粒。

专家指导

1. 这一训练方案的目的是锻炼宝宝的握笔能力，帮助宝宝学习画点。
2. 这一训练方案适合 1 岁 6 个月～2 岁 6 个月的宝宝。
3. 对于月龄偏小的宝宝，可让他在画纸上随意点画，对月龄偏大的宝宝，则要求他画在指定的位置，如碟子或碗里。

贴心·提示

要求宝宝坐端正，同时应注意纠正宝宝的握笔姿势。

蒙氏心语

要给儿童提供一个使他们得到满足的环境，必须努力了解儿童的需要。

* 1岁6个月：能说出25～30个字；出现双词和三词组合起来的电报句，如：妈妈鞋、宝宝玩等；能用名字称呼同伴；能用简单的言语表达自己的需要。

* 2岁：能说出50多个字；会用人称代词"我"、"你"；不再说令成人难懂的话；能说儿歌（不完整）；喜欢听家长讲故事、念儿歌；能听懂并执行生活常规方面的指令。

* 2岁6个月：能说8～9个字的句子；说话能用适当的语调；能正确运用人称代词"他"；能理解两个介词；能和家长共同阅读一些婴儿画报，能按顺序翻看熟悉的图画故事；能静听并参与成人念儿歌，讲简短的故事。

* 3岁：会用"和"或"但是"来连接句子，会说完整的儿歌；能说出自己的姓名，能理解3个介词；有较好的阅读习惯、能完整地按顺序翻完一本画报；能根据画面或谈话内容，简要回答问题。

科学能力训练

科学能力训练是让宝宝在一定的指导下，通过自身的活动，对周围世界进行感知、观察、操作，进而发现问题、寻求答案。

训练说明

　　科学能力训练是让宝宝在一定的指导下，通过自身的活动，对周围世界进行感知、观察、操作，进而发现问题、寻求答案。

　　科学能力的训练主要包括三个方面：

● **获取科学知识**

指通过训练活动帮助宝宝获取周围物质世界的经验性知识，同时，在感性经验的基础上形成初级的自然科学概念。

● **掌握科学方法**

指通过训练活动帮助宝宝学习探索周围世界以及探索科学的方法，如观察、分类、表达交流和解决问题等，发展宝宝的观察能力、思维能力、创造能力和动手能力等。

● **激发科学情感**

指在训练活动中，激发宝宝对周围世界的好奇心，激发宝宝探索和学习科学的兴趣以及对大自然的关注和热爱等情感。

圆罐子和方罐子

★ 材料准备

圆柱形小罐子和方形小罐子各一个，玻璃球若干。

★ 训练要点

1. 将玻璃球装入两个罐子中，摇一摇，请宝宝听听是什么在响。
2. 打开罐子，让宝宝看，里面装的是玻璃球。取出玻璃球，让宝宝分别摇一摇两个罐子，看是否还有响声；再次装入玻璃球，让宝宝摇一摇，引导宝宝认识到：玻璃球装入罐子后，罐子才会发出响声。
3. 取过圆罐子，告诉宝宝："这是圆罐子，我们来滚一滚。"将圆罐子在平坦光滑的地上滚动。
4. 用同样的方法滚动方罐子，让宝宝说说两个罐子滚动时的不同。让宝宝亲自滚一滚两个罐子，引导宝宝认识到：圆罐子能滚动，方罐子不能滚动。

专家指导

1. 这一训练方案的目的是让宝宝学会观察，初步培养宝宝动手探索的能力。
2. 这一训练方案适合2岁~2岁6个月的宝宝。
3. 练习过程中，家长不要急于说出答案，引导宝宝主动去探索。

贴心·提示

1. 注意看护，不要让宝宝吞食玻璃球。
2. 尽量选择棱角圆滑的方罐子，以免伤到宝宝。

蒙氏·心语

人的幼儿时期，足以决定其一辈子的生活形态。

玩泥土

★ 材料准备

小铲子、小桶各一个。

★ 训练要点

1. 选择天气晴朗的天气，带宝宝到郊外玩泥巴。
2. 让宝宝用手摸摸、捏捏泥土，感知泥土的软硬程度，引导宝宝观察泥土的颜色。
3. 让宝宝用铲子挖一挖泥土，和上一些水，和爸爸妈妈一起玩泥巴，可以捏小碗、捏小动物、堆城堡等，让宝宝感受大自然的乐趣。

专家指导

1. 这一训练方案的目的是让宝宝认识泥土的一些特性，并对自然界产生好奇心和探索兴趣。
2. 这一训练方案适合 2 岁 6 个月～3 岁的宝宝。
3. 在玩泥土的过程中，还可以引导宝宝寻找泥土里面的东西，如树根、蚯蚓等。

贴心提示

1. 注意选择土质松软且没有尖锐物品的泥土。
2. 游戏结束后，要让宝宝洗净双手。

蒙氏心语

当孩子被放在自然的环境里，他会显示出自己的能力。

夏天真热

★ 材料准备

一幅关于夏天的图片（图片中的小朋友满头是汗），电风扇、空调、扇子、大树、棉衣等图片各一。

★ 训练要点

1. 出示夏天的图片，请宝宝描述图片上的小朋友满头大汗的情形，告诉宝宝这是夏天。
2. 让宝宝想想，用什么方法可以帮助图片上的小朋友凉快，请宝宝从图片中挑出可以让小朋友凉快的事物。
3. 和宝宝一起讨论其他可以使人凉快的方法。

专家指导

1. 这一训练方案的目的是让宝宝认识夏天热的特性，了解人们常用的降温方法。
2. 这一训练方案适合 2 岁 6 个月~3 岁的宝宝。

贴心提示

1. 宜在夏天做此练习，可让宝宝亲自感受一些降温方法，获得真实体验。
2. 尽可能鼓励宝宝自己想出更多降温的方法。

蒙氏·心·语

如果大人真的想帮助正在走路的小孩，就必须放弃自己的步伐及预定的目的地。

科学能力

看云

★ 材料准备

太阳镜一副或彩色透明玻璃纸一张。

★ 训练要点

1. 在多云或晴天有云的日子，爸爸妈妈带宝宝到户外观云。

2. 引导宝宝抬头看天空里的白云，启发宝宝："宝宝看，天上的白云像什么？"鼓励宝宝大胆想像。

3. 引导宝宝观察云的变化："刚才的白云在哪里？现在到哪里了？现在的白云像什么。"告诉宝宝：是因为天空有风，风一吹白云就移动，也就变样了。

4. 让宝宝戴上太阳镜或用彩色玻璃纸遮住眼睛观云，说一说这时候云彩是什么颜色，像什么。

专家指导

1. 这一训练方案是让宝宝知道云的一些特性：云会移动、会变化；同时培养宝宝的观察力与想像力。

2. 这一训练方案适合 2 岁 6 个月～3 岁的宝宝。

3. 可以引导宝宝总结出云的各种形状：如"一团团"、"一缕缕"、"一片片"。

4. 利用机会带幼儿在早晨、中午和黄昏等不同时段观察云彩的变化。

贴心·提示

1. 这一活动时间不宜太长。

2. 提醒宝宝，看云时要用手遮在眼睛上方，以免宝宝眼睛受强光刺激。

蒙氏·心语

成人必须了解，儿童需要运用双手，并认同儿童第一次运用双手时，只是工作本能的展现。

玩石头

★ 材料准备

各种各样的石头若干块，清水一盆，绸布一块，塑料玩具一个。

★ 训练要点

1. 出示石头，引导宝宝观察各种石头的颜色、形状，然后，按大小给石头排排队。
2. 让宝宝用手分别触摸石头和绸布，感觉两者的不同。告诉宝宝："石头是硬硬的，布是软软的。"
3. 请宝宝将石头和塑料玩具一起放进盛水的盆里，看看两者有什么不同。告诉宝宝："石头是重的，塑料玩具是轻的"。

专家指导

1. 这一训练方案的目的是让宝宝感知石头的颜色、形状、大小和硬度等。
2. 这一训练方案适合 2 岁~3 岁的宝宝。
3. 也可和宝宝一起用彩笔在较光滑的石头上绘上不同表情的脸谱，制成石头娃娃。

贴心提示

1. 要注意选择无尖利棱角的石头并在事先清洗干净。
2. 提示宝宝轻拿轻放，不要乱扔石头。

蒙氏心语

儿童首先发挥功能的器官是感觉器官。

113

科学能力

下雨了

★ 材料准备

一家人的雨鞋和雨伞。

★ 训练要点

1. 选择下雨的天气，爸爸、妈妈带着宝宝观察雨。

2. 听雨：对宝宝说："外面下雨了，宝宝听听，下雨是什么声音？"撑着雨伞，带领宝宝到户外，听听雨落在伞上的滴答声以及落在树叶上的沙沙声。

3. 观雨：可和宝宝站在窗户边，引导宝宝观察空中的雨，让宝宝知道雨是从天上掉下来的。

4. 玩雨：选择雨不大的时候，带好雨具，和宝宝一起到户外感受雨。可让宝宝用手接接雨，让他知道雨是水。也可引导宝宝观察，下雨天大街上的行人和平时有什么不同（打着伞、穿着雨鞋等）。

专家指导

1. 这一训练方案的目的是让宝宝初步认识下雨这一自然现象。

2. 这一训练方案适合1岁6个月~2岁6个月的宝宝。

3. 对于月龄较大的宝宝，也可引导他观察雨前、雨后天空的变化。

贴心提示

1. 注意不要让宝宝去尝雨水，以免宝宝生病。

2. 领宝宝观雨时，注意给宝宝保暖，以免着凉。

蒙氏心语

像所有的成人一样，幼儿也有他独立的人格。

踩影子

★ 材料准备

一些遮阳物品，如太阳帽等。

★ 训练要点

1. 晴朗的天气里，爸爸、妈妈带宝宝到户外。

2. 引导宝宝观察每个人身后的影子，让宝宝观察影子的形状、大小和方向。

3. 爸爸、妈妈通过做各种动作改变自己影子的形状，让宝宝观察其变化。

4. 爸爸、妈妈和宝宝互相踩对方影子玩。

专家指导

1. 这一训练方案的目的是让宝宝感受影子的各种变化。

2. 这一训练方案适合2岁6个月~3岁的宝宝。

3. 爸爸、妈妈还可以用手做成各种动物的造型，让宝宝观察手的影子并模仿爸爸、妈妈的动作。

4. 也可以在晚上和宝宝一起进行灯光下的影子游戏。

贴·心·提示

夏天阳光较强时，要注意做好宝宝的防晒工作，不要让宝宝在烈日下游戏时间过长。

蒙氏·心·语

孩子们喜欢安静练习与自由选择。

种大蒜

★ **材料准备**

种植用的大蒜若干，装有泥土的废旧小杯子三四个，浇水用的小杯子一个。

★ **训练要点**

1. 给宝宝一个大蒜头，让宝宝动手掰掰、玩玩、引导幼儿认识到大蒜头可以掰成一瓣一瓣的蒜瓣。

2. 带领宝宝种植大蒜，拿出装有泥土的罐子，手捏大蒜头，将尖头朝上，按进土里，最后浇上一点水。

3. 将种植的大蒜放到能晒到阳光的位置，每隔1~2天，指导宝宝给大蒜浇一次水。

4. 等大蒜发芽以后，引导宝宝经常观察大蒜的生长情况。

专家指导

1. 这一训练方案的目的是让宝宝学习种植大蒜，并关注植物的生长。

2. 此活动适合2岁6个月~3岁的宝宝。

3. 家长可先示范大蒜的种植方式，再让宝宝自己动手尝试。

4. 可在不同的罐子上贴上标签，标明妈妈种植的大蒜或宝宝种植的大蒜，看哪一棵先发芽。

贴心提示

炒菜时可用种植出的蒜苗作为调料，让宝宝体会到收获劳动成果的喜悦。

蒙氏心语

儿童擅长在自由活动中建立规律。

玩 冰 块

★ 材料准备

冰箱用冰格一个，温水一盆。

★ 训练要点

1. 请宝宝在一旁观看，妈妈将适量清水倒入冰格中，然后放入冰箱冷冻层。
2. 从冰箱里取出冻好的冰块，让宝宝观察冰的颜色，用手摸摸，问宝宝有什么感觉。
3. 家长将一小块冰放在手上，握一会儿，伸手给宝宝看，问："冰不见了，变成什么了？"
4. 让宝宝尝试将小块冰握在手中，直至冰化成水。
5. 引导宝宝将冰块放在温水中，观察其变化。

专家指导

1. 这一训练方案的目的是让宝宝初步了解冰块是由水冻成，冰又能化成水。
2. 这一训练方案适合 2 岁 6 个月~3 岁的宝宝。
3. 在玩冰的过程中，可引导宝宝用多种感观去感知冰的特点。
4. 可在冬天带领宝宝在户外观察冰冻的情况。
5. 可引导宝宝用各种形状的小器皿制作冰花。

贴心提示

提醒宝宝不要长时间将冰块握在手中，以防宝宝感冒。

蒙氏·心语

所有幼儿教育都必须以促进孩子的自发发展为目的。

科学能力

冬天的呼吸

★ **材料准备**

小镜子一面。

★ **训练要点**

1. 寒冷的天气，家长带宝宝在户外玩呼吸游戏，妈妈先呼出一口气，让宝宝观察。
2. 让宝宝自己呼气，观察呼出的气，并说说像什么。
3. 让宝宝对着镜子呼气，观察镜面出现的变化。
4. 告诉宝宝因为冬天的天气很冷才会出现这些变化。

专家指导

1. 这一训练方案的目的是让宝宝观察冬天里人呼吸的变化。
2. 这一训练方案适合 2 岁 6 个月～3 岁的宝宝。
3. 还可带宝宝去观察结冰或下雪等现象，感知冬天特征。

贴心提示

出门之前给宝宝穿上暖和的衣服，以防感冒。

蒙氏心语

若是有足够的空间，婴儿会爬行去抓取东西。

118

声音游戏

★ 材料准备

能发出响声的玩具或乐器若干，录音机一台，录有各种声音的磁带若干。

★ 训练要点

1. 打开录音机，让宝宝听听有各种声音的磁带，如：汽车喇叭声，打雷声等，让宝宝分辨这些声音。

2. 录下家里每个人的声音，让宝宝听听，并猜猜这是谁的声音。

3. 让宝宝玩玩发响玩具或一些乐器，观察它们是怎样发出声音的？引导宝宝认识各种东西发声的方式，如：敲、摇、吹……

专家指导

1. 这一训练方案的目的是让宝宝通过听各种声音，对声音的产生获得感性经验。

2. 这一训练方案适合 2 岁~2 岁 6 个月的宝宝。

3. 还可启发宝宝想想还听到过什么声音，或让宝宝试试如何让身边的其他物品发出声音来。

贴心·提示

日常生活中，家长应提醒宝宝注意各种声音，风声、雨声、雷声、各种动物的叫声、汽车鸣笛声等，丰富宝宝的生活经验。

蒙氏·心语

通过拥抱和接触，能够帮助儿童在外在世界建立安全感。

磁铁玩具

★ 材料准备

磁铁一块、各种材料制成的小物品（铁、木、布、石头等）若干。

★ 训练要点

1. 出示磁铁，告诉宝宝："这是磁铁。"请宝宝跟着妈妈重复念几遍。
2. 妈妈说："磁铁要去找好朋友，宝宝看看，磁铁愿意跟谁做朋友，跟谁手拉手呢？"然后，用磁铁去吸各种物品，把能吸的东西挑出来。引导宝宝认识到磁铁能吸什么，不能吸什么。
3. 将磁铁包上一层布或纸，让宝宝试试能否吸住小物品。

专家指导

1. 这一训练方案的目的是让宝宝了解磁铁的性质。
2. 这一训练方案适合 2 岁 6 个月～3 岁的宝宝。
3. 也可让宝宝拿着磁铁去找一找，屋子里哪些东西是铁做的。

贴心·提示

尽量先让宝宝自己探索，获取对磁铁性质的感性认识。

蒙氏·心语

语言是一种人类自发的创造，语言的发展遵循一定的规律。在人生的某一时期它会达到某种程度。

* 喜欢观察常见事物，对认识这些事物感兴趣。

* 能说出少数常见动、植物和一些无生命物质的特征，初步了解它们与人、环境的关系。

* 能感知四季明显的特征以及下雨、下雪等自然现象，体会天气冷了多穿衣服，热了少穿衣服等人与自然的关系。

* 能初步了解物体的滚、转、停以及人们的推、拉对物体的作用。

* 能初步感知水、沙、泥土的特性。

* 在操作活动中，能按照物体名称或某一特征进行归类。

* 能以词汇或简单的句子描述自己的发现和事物的特征。

万花筒儿童教育集团，是由中国教育基金会、北京智泉万花筒儿童教育研究院和北京中关村学院共同组成。

北京智泉万花筒儿童教育研究院成立于1997年，是目前中国最具权威的、规模最大的民营儿童教育研究、幼教师资培训及幼儿教育直营机构，也是中国第一家把研究成果直接运用到实践中的知名教育机构。

自1997年成立以来，万花筒儿童教育研究院以研究儿童启蒙教育为根本出发点，遵循一切从实际出发，依据科学、放眼未来、融会世界各国先进的儿童教育理念，用教育的眼光，儿童的心理来研究儿童，开发儿童的潜能，突破了传统的灌输性教育模式，让儿童在快乐学习中接受知识，在运动中培养自信，在交流中提高素质，真正做到了孩子喜欢、家长满意、教师乐教、幼儿园获益。

分数盘

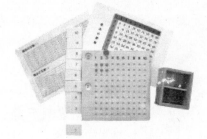

乘法板

触觉板

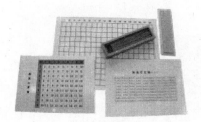

加法板

除法板

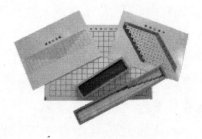

减法板